CÓMO EMPRENDER UN NEGOCIO RENTABLE
Simples Pasos Para Ganar Dinero Haciendo Lo Que Amas

Por:
J.K. Astudillo

CÓMO EMPRENDER UN NEGOCIO RENTABLE
Simples Pasos Para Ganar Dinero
Haciendo Lo Que Amas

J.K. Astudillo
Todos los Derechos Reservados © J.K. Astudillo
Edición revisada 2020
Título original "Emprende El Negocio De Tus Sueños"

Se ha realizado un esfuerzo en la preparación de este libro para garantizar la exactitud de la información presentada. Sin embargo, la información contenida en este libro se vende sin garantía, ya sea expresa o implícita. Ni la autora, ni la editorial, sus concesionarios o distribuidores serán responsables de los daños causados o presuntamente causados directa o indirectamente por el uso de la información provista en este libro.

Dedicatoria

A mi familia, a Dios y al Universo por conspirar a mi favor.

A mi querida hermana, Marylú, por ser un ejemplo de tesón, positivismo y perseverancia y demostrarme que "quien cae, adelanta dos pasos".

TABLA DE CONTENIDO

¡REGALO PARA MIS LECTORES!

En agradecimiento por haber adquirido esta obra, quiero ofrecerle GRATUITAMENTE un test para evaluar su capacidad emprendedora.

Descargue el **"TEST EMPRENDEDOR"** visitando este enlace: https://karinaastudillo.com/test_emprendedor/.

Capítulo 1: ¿Por qué emprender?

Libertad financiera y de tiempo

¿No sería genial poder manejar su propio horario? ¿Poder irse de viaje con su familia o amigos cuando quisiera? ¿Tomarse dos horas para almorzar o irse un dí-a más temprano a casa sin tener que pedir permiso a su jefe o rendirle cuentas a nadie? Ese es el concepto de libertad. Olvidado por muchos luego de que se casan o empiezan a trabajar ;-)

Fuera bromas, la libertad es el derecho más preciado del ser humano, la Declaración Universal de Derechos Humanos así lo proclama y de igual modo, la Constitución de la mayoría- de países a nivel global.

Por supuesto, no estoy sugiriendo que se la pase todo el tiempo paseando o comiendo con amigos; si ya tiene los fondos para mantenerse de por vida sin tener que trabajar, perfecto, enhorabuena, ¡muy bien por usted! Pero si no es así aún, eso significa que en algún momento tendrá que dedicar parte de su tiempo a generar los recursos que le permitirán tener esa libertad financiera.

Y ese es el Santo Grial de los emprendedores: alcanzar la libertad financiera. Invertir el esfuerzo, el tiempo y los recursos necesarios para crear un negocio propio, que una vez maduro, genere los ingresos económicos suficientes para que pueda darse el lujo de no trabajar por un periodo de tiempo X o Y, y que, aun así, el dinero siga ingresando a sus arcas.

Sin embargo, para que un emprendimiento tenga probabilidades de ser exitoso, el dinero no debe ser el único motivador. Debe haber pasión y vehemencia por lo que se hace, fervor por aportar con soluciones efectivas y creativas que beneficien a nuestros potenciales clientes y a la sociedad en general.

En definitiva, **un negocio exitoso debe crear valor para sus clientes y para el emprendedor**, o de lo contrario no subsistirá, tema del que hablaremos en detalle en el capítulo 2.

La falsa seguridad del empleo en relación de dependencia

Me encontraba como conferencista de un evento en una ciudad de Latinoamérica, cuando un hombre joven se acercó a agradecerme por la charla y me dijo que él también tení-a la idea de montar una empresa de Seguridad Informática desde hací-a años atrás, pero que debido a la situación económica de su país no se habí-a animado a hacerlo. "Después de todo", dijo él, "tengo una familia que mantener y no puedo dejar la seguridad de mi empleo". Yo le respondí con una sonrisa- "Claro, es comprensible". Luego el hombre se despidió y yo volví- con los organizadores del evento.

Escenarios parecidos al previo me han ocurrido cientos, si no miles de veces, con desconocidos, conocidos, amigos cercanos y familiares, en Ecuador y otros países hermanos. Y es que ¿quién no ha soñado con ser su propio jefe alguna vez?

Lamentablemente, son pocas las personas que se atreven a dar el salto de fe y adentrarse en la excepcional aventura de emprender. ¿Pero por qué ocurre esto? ¿Qué es lo que detiene a las personas de montar su propio negocio alrededor de una idea que los apasiona? ¿Qué es lo que hace que prefieran mantenerse por años trabajando en relación de dependencia en algo que, si con suerte no les molesta, no los estimula ni les causa satisfacción? ¿Acaso será la promesa de jubilarse dentro de 25 o 30 años y recibir una pensión básica hasta que mueran? Sinceramente, lo dudo.

He reflexionado sobre mis conversaciones con las personas que me han comentado su deseo de emprender, pero que no lo hacen y he detectado en todas ellas un patrón común: miedo. Y el miedo es un concepto muy amplio, miedo a que su idea sea mala, miedo a que su familia no los apoye, miedo a que sus amigos se burlen de su idea, miedo a emprender y que la empresa fracase, ¡miedo a perder sus ingresos y no tener para comer y mantener a los suyos... miedo, miedo, miedo!

Pero además del miedo he identificado una idea si no errónea, al menos no exacta, el mito de "la seguridad del empleo en relación de dependencia".

Incontables veces la excusa común que escucho es "no puedo dejar la seguridad de mi empleo, si lo dejo luego ¿cómo voy a mantener a mi familia?". Y aunque por supuesto no pretendo que el lector renuncie hoy a su empleo sin más análisis y con el riesgo de dejar a su familia sin pan, es mi deber hacerle notar que - tristemente - **su empleo NO es seguro.**

Así- es, tal como lo leyó: su empleo NO es seguro. Y no es seguro porque no depende de usted en realidad, no importa qué tan buen trabajador sea usted o qué tan bien se lleve con su jefe, si a la empresa le va mal y es necesario hacer recortes de personal, le aseguro que su desempeño no importará. Quien alguna vez ha sido despedido de un momento a otro entiende de lo que hablo.

Tal vez si la empresa es grande y hay puestos redundantes y la crisis es superable en el mediano plazo, el departamento de recursos humanos haga una evaluación y empiece por despedir a los menos requeridos o eficientes; pero si la crisis económica es grave, créame... el desempeño no importará. Sé que suena cruel, y en efecto lo es, pero lamentablemente el escenario previo es real, lo he visto decenas de veces con empresas en mi país y he visto noticias sobre el cierre de empresas en países vecinos. Las historias sobre gigantes caídos han ocupado los titulares de los medios de comunicación más de una vez. Si su edad está sobre los 30 años y ve televisión, seguro habrá visto un reportaje sobre "el colapso de las punto com", "la burbuja inmobiliaria", etc.

Entonces, aunque suene a la bruja del cuento, es mi deber desmitificar el concepto de la seguridad del empleo en relación de dependencia. Mi abuela materna solía repetir el conocido adagio "lo único seguro es la muerte" y no podría tener más razón.

Por tanto, si es esa su excusa ya puede dejarla de lado.

La trascendencia de lo propio

Una de las ventajas de ser su propio jefe es poder escoger las reglas de su nuevo negocio. Los horarios, la vestimenta, la decoración de la oficina, los reglamentos, etc., son ahora de su potestad y no de su antiguo empleador.

El poder desarrollar la empresa de acuerdo con sus aspiraciones, sus sueños, sus gustos, deseos y, en definitiva, poder marcar su propio estilo de hacer las cosas, es una fuente de gran satisfacción para los nuevos emprendedores.

Seguro al lector le sonará a locura, pero siempre quise poder andar en patines dentro de la empresa... y podría hacerlo, es MI empresa, aunque seguro mi socia confirmaría su teoría de que tengo un tornillo flojo si me viera patinando en la oficina.

En fin, al convertirse en empresario no sólo podrá crear su propio modelo de negocio sino además dejarle un legado a sus herederos y futuras generaciones que lo recordarán como *el fundador*, aquel que no sólo tuvo una genial idea, sino además el valor de ir por ella y hacerla realidad.

Y esto último es esencial si se desea emprender: no quedarse en la idea de negocios. Cualquiera puede tener una buena idea, concebir una idea de negocios es la parte fácil, lo duro es implementar esa idea y convertirla en un negocio rentable que perdure en el tiempo y que cree valor para sus clientes.

Si emprender fuera tan fácil, habría muchísimos más emprendedores en el mundo, así que no le voy a mentir diciéndole lo contrario. Emprender un negocio serio y honesto no es un esquema de "vuélvase rico rápido", aunque sí puede brindar mucha satisfacción personal y beneficios económicos superiores en el largo plazo.

"Tu tiempo es limitado. No lo desperdicies viviendo el sueño de otra persona." (Steve Jobs).

Creación de empleo

Al iniciar un negocio desde cero y hacerlo crecer, creará usted fuentes de empleo y oportunidades de crecimiento laboral para sus colaboradores y proveedores, contribuyendo de ese modo al desarrollo de su país y a la economía global.

Quizás la creación de empleo no sea en este momento para usted uno de los mayores motivadores para crear una empresa. Empero, es muy satisfactorio sentirse responsable por el desarrollo de quienes laboran con uno.

Saber que mis colaboradores aportarán para mantener a sus familias y tendrán oportunidades de prosperar gracias a lo que en un momento fue sólo una idea de negocios, es lo que eleva mi ánimo en los momentos duros y me anima a continuar esforzándome por dar lo mejor de mí día a día.

Reconocimiento y retribución

Aunque la falsa modestia nos obligue a negarlo públicamente, la verdad es que se siente muy bien recibir el reconocimiento de la comunidad. Y el reconocimiento viene de la mano de una empresa exitosa y estable, aunque para llegar a esa etapa puedan pasar varios años.

Otro motivador más loable es la retribución que como emprendedores exitosos podemos efectuar hacia los sectores más necesitados de nuestra comunidad. Cuando su empresa genere suficientes utilidades, podrá tener la satisfacción de efectuar donaciones hacia las causas que considere dignas de respaldo y aportar con un grano de arena para hacer del mundo un lugar mejor.

Basta con ver el ejemplo de empresarios exitosos que retribuyen a la comunidad como Mark Zuckerberg, Oprah Winfrey, Bill Gates, Carlos Slim, Estée Lauder, Sergey Brin o Caterina Fake, para entender la diferencia que como emprendedores podemos llegar a hacer. Y esa diferencia a menudo no es sólo monetaria, hay productos y servicios orientados a mejorar la calidad de vida de las personas que los adquieren, que de no existir un emprendedor detrás no cumplirían esta función de ayuda a la comunidad.

El dinero no es obstáculo

Uno de los argumentos desfavorables de mayor peso a la hora de decidirse a emprender, es el miedo a que nuestra idea de negocio no funcione y luego no tener dinero ni para comer... miedo muy válido, por cierto.

Otra queja relacionada es "¿pero de dónde voy a sacar el dinero para arrancar el negocio?".

Yo le pregunto... ¿Y si no tuviera que renunciar a su empleo y dejar de recibir su sueldo mensual para arrancar su idea de negocio? ¿Y si la inversión inicial fuera inferior a $500 o CERO dólares? ¿Y si aun así pudiera emprender en una actividad que lo llene de satisfacción y que no se sienta como trabajo, porque realmente disfrute esa actividad? Entonces, ¿ahora sí se animaría a iniciar su negocio o seguiría buscando excusas?

Pues eso es posible, siempre y cuando esté dispuesto a invertir entre 4 y 10 horas a la semana para hacer su sueño realidad. Hay innumerables casos de empresarios exitosos que iniciaron su emprendimiento a tiempo parcial y cuya primera oficina fue el garaje de su casa. Usted puede ser uno de ellos, no hay nadie que le impida alcanzar lo que se proponga, el único obstáculo está en su propia mente. Y para demostrarle que es posible, revisemos de inmediato las oportunidades que nos trae la era digital.

Las oportunidades económicas de la era digital

Hasta hace pocos años, cuando se hablaba de emprendimiento y se pensaba en constituir una empresa, a la mente nos vení-a... dónde va a estar ubicada, qué espacio necesitará la bodega, cuántos muebles de oficina requeriremos, cuántos puntos eléctricos y de red necesitaremos para conectar los equipos de cómputo, etc. Por supuesto, dependiendo del tipo de empresa, lo anterior sigue siendo válido. Pero nos encontramos ahora en la era digital, en donde nuestros clientes podrían estar ubicados en cualquier país del mundo y en cuyo caso, nuestro punto de venta podría muy bien ser la ventana de un navegador web o una aplicación en una tablet o smartphone.

Y es gracias a la era digital que la barrera de entrada para montar un negocio rentable es menor cada vez, para muestra veamos algunos ejemplos de negocios modernos:

- **Portales de venta de productos** con entregas a nivel mundial, sin necesidad de bodegas ni stock de productos. Me estoy refiriendo al "dropshipping", en el capítulo 3 revisaremos en mayor detalle este interesante modelo de negocio, pero le anticipo que la inversión inicial está por debajo de $400.
- **Venta de productos digitales** como e-books, audio libros, aplicaciones, video juegos, video cursos, etc.; que pueden venderse globalmente, no requieren embalaje, ni recargos por costos de envío y no necesitan tener puntos de venta físicos. Y si además es usted el autor de los productos digitales, lo único que necesitará para arrancar este negocio es: conocimiento en un tópico de interés, un computador, la aplicación adecuada y conexión a Internet.
- **Venta de boletos** por la asistencia a seminarios en vivo conducidos **a través de Internet**. Nos referimos a los famosos "webinars", cada vez más populares. En ocasiones dichos webinars son gratuitos, pero sirven como enganche para vender un producto o servicio a los asistentes a posteriori. Mismos requisitos que el caso previo.
- **Venta de servicios por Internet** como coaching, soporte técnico remoto, diversas formas de teletrabajo, diseño gráfico digital, etc. En este caso el producto principal es su conocimiento y

experiencia en un área específica en que la gente requiera ayuda. Hay portales que ponen en contacto a usuarios y expertos y cuyo negocio es comisionar un porcentaje de los honorarios. Por tanto, la inversión inicial para el experto es prácticamente $CERO.

- **Promoción digital de productos/servicios de terceros** por el pago de una comisión, conocido como affiliate marketing o marketing de afiliados. Este tipo de negocio requiere tener un computador con acceso a Internet, poseer conocimientos de marketing digital y la inversión inicial está por debajo de $500.

- **Plataformas de venta de productos físicos y digitales** con entrega local o internacional. Este tipo de negocios requieren mayor inversión - partimos de $1000 para el establecimiento de la plataforma, más un valor adicional para el stock de productos físicos y capital de trabajo - pero son muy rentables. Es importante aclarar que no estoy pensando en el próximo Amazon, sino en portales de comercio electrónico enfocados en un nicho particular.

Estos son apenas algunos ejemplos, hay muchas más opciones de negocios electrónicos o e-business, que requieren muy poca inversión de tiempo y dinero. No obstante, si usted no tiene mucha experiencia en el uso de computadoras, tal vez crea que los negocios por Internet no están a su alcance. Si ese es su caso, no se preocupe, hay muchos negocios tradicionales que pueden montarse con una baja inversión de tiempo y dinero.

Sin embargo, es importante que usted conozca que en la actualidad hay muchos servicios montados en la nube - justamente alrededor de quienes desean hacer negocios por Internet - que le facilitan mucho la vida a los emprendedores que no son expertos en computación. Así que le sugiero que no descarte aún los e-business de sus opciones.

Ni rosas ni juguetes

Con el riesgo de plagiar a Paulina Rubio, debo advertirle que, si toma la decisión de seguir su sueño de ser su jefe y trabajar en algo propio que lo embargue de emoción cada día, no todo serán rosas y juguetes. Es probable que en algún momento las cosas no salgan como esperaba y que las ventas no alcancen las proyecciones deseadas, o que una "venta segura" se detenga o se posponga, o que tenga un problema con un proveedor en el que confió y no cumplió su parte del trato y debido a ello quede mal con un cliente clave.

No le voy a mentir diciéndole que crear, mantener y hacer crecer una empresa desde cero es un valle de rosas. En los negocios como en el amor, hay siempre altibajos, es parte de la vida. Lo que diferencia a los empresarios exitosos de los que no lo son, no es tener la suerte utópica de no toparse con problemas... es su capacidad de hacerles frente y buscar la forma de resolverlos, de tener la humildad de admitir un error, de buscar ayuda, de ceder para llegar a acuerdos, de levantarse cuando se cae, ¡de resurgir de las cenizas cual fénix, más fuerte aún que antes!

Pero, sobre todo - y esto es sumamente difícil, debo admitirlo - es fundamental tener la capacidad para reconocer cuándo se debe continuar invirtiendo tiempo, dinero y esfuerzo en un negocio que tiene el potencial para recuperarse de un revés y ser rentable nuevamente, de uno que es mejor dejar morir y enterrar, para - luego de superado el duelo - pasar la página a otro nuevo que tenga mayor potencial de éxito.

Me gustaría decirle que tengo la fórmula inequívoca para reconocer la diferencia, pero no es así. Hay elementos de juicio que nos ayudarán a tomar la decisión, y a lo largo de este libro cubriremos los esenciales. Revisaremos variables que nos ayudarán a dilucidar si nuestra idea de negocio tiene el potencial para ser rentable y crecer; pero las variables son eso, una ayuda. En última instancia siempre tendrá usted la última palabra y luego, con el pasar de los años, su experiencia enriquecerá su instinto y podrá tomar decisiones informadas e indudablemente más acertadas.

Mas, en el mundo de los negocios hay varios ejemplos en los que todos los elementos de juicio estaban en contra y, aun así, el emprendedor decidió tomar el riesgo y lanzarse a la aventura basado en su instinto y tuvo éxito. Si ha llegado hasta este párrafo lo felicito, su deseo de emprender es ferviente y con la dedicación necesaria estoy segura de que tendrá éxito.

¡Adelante! Que esto recién se pone bueno, en el siguiente capítulo cubriremos cuál es el perfil atribuido por los expertos en psicología y negocios a los emprendedores y usted podrá tomar un test de capacidad emprendedora... como suele decir un querido amigo ¡Quién dijo miedo!

"La forma de empezar es dejar de hablar y empezar a actuar." (Walt Disney).

Capítulo 2: Las claves del éxito para emprender

El perfil del emprendedor

De acuerdo con Bolton & Thompson (2011), un emprendedor es "una persona que habitualmente crea e innova para construir algo de valor reconocible alrededor de oportunidades percibidas" (p.11).

Sobre si los emprendedores nacen o se hacen, ha habido múltiples estudios y opiniones contrapuestas a lo largo de décadas. Amit & Muller (1995)[i] señalaron que el emprendimiento no está relacionado con factores de la personalidad sino más bien con un comportamiento que puede ser cambiado y aprendido, mientras que Thompson (2004)[ii] sugirió que los emprendedores poseen ciertas características derivadas del talento y temperamento, sin las cuales las tasas de supervivencia y crecimiento de un negocio son menores.

Sin embargo, en la actualidad existe un mayor consenso entre los expertos en negocios acerca de que el comportamiento emprendedor es influenciado tanto por temas socioeconómicos como por rasgos de personalidad, siendo estos últimos los más determinantes (Sánchez, 2010)[iii].

He aquí algunas de las características y cualidades atribuidas a los emprendedores que podemos mencionar:

- Buscan e identifican oportunidades
- Tienen confianza en sí mismos
- Son perseverantes
- Son capaces de tomar riesgos calculados
- Se fijan metas claras y se comprometen a alcanzarlas
- Son hábiles para enfrentar y resolver problemas
- Buscan la excelencia en todo lo que hacen
- Nunca dejan de aprender
- Trabajan bien en equipo
- Tienen habilidades para establecer conexiones personales y rodearse de redes de apoyo
- Manejan bien el estrés y son resilientes

Por eso, antes de embarcarse en la emocionante, pero a la vez ardua tarea de iniciar un negocio, conviene autoanalizarnos y preguntarnos si tenemos lo necesario para emprender.

¿Tengo lo necesario para emprender?

Mientras un estudio sobre el tema (Zhao & Seibert, 2006)[iv] muestra una relación entre los factores generales de personalidad y la conducta emprendedora, otro nos indica que rasgos específicos de la personalidad, como por ejemplo la capacidad de innovar, tienen una mayor incidencia en el éxito empresarial (Rauch & Frese, 2007b)[v].

Por este motivo, se torna importante autoevaluarnos antes de lanzarnos a la aventura de iniciar un negocio propio. La autoevaluación nos permitirá conocer de antemano si contamos con rasgos de personalidad que nos faciliten hacerles frente a los desafíos que conlleva el poner en marcha una empresa y administrarla posteriormente.

Los cinco factores generales de personalidad fueron encontrados por Goldberg (1993) como parte de un estudio sobre descripciones de personalidad que efectuaban unos sujetos sobre otros.[vi] Estos factores, a menudo referidos como "los cinco grandes", constituyen uno de los modelos de personalidad más reconocidos en la rama de la psicología y son:

- **Responsabilidad:** se refiere a la minuciosidad para la ejecución y el cumplimiento de tareas.
- **Apertura a la experiencia:** tiene que ver con la curiosidad, la imaginación y la creatividad.
- **Extraversión:** está asociado a la capacidad para relacionarse con otras personas, la sociabilidad y el positivismo.
- **Neuroticismo:** está relacionado con inestabilidad e inseguridad emocional, nerviosismo, ansiedad y tensión.
- **Amabilidad:** incluye factores como el respeto, la tolerancia y la paciencia.

Zhao & Seibert (2006) encontraron que en los 23 estudios que analizaron, los emprendedores obtuvieron calificaciones más altas que los gerentes o administradores en los rasgos Responsabilidad y Apertura a la experiencia, mientras que calificaron bajo en Neuroticismo y Amabilidad; no encontrándose diferencias notables en el grado de Extraversión.

Por tanto, si luego de autoanalizarse usted considera que cuenta con los rasgos asociados a los emprendedores, puede usted sentirse más positivo respecto a su capacidad de hacerle frente a los obstáculos que pudieran presentarse.

Si, por el contrario, no cumple en la totalidad con el perfil, no se desanime, si es usted persistente y se rodea de un buen equipo de trabajo e invierte en capacitación y asesoría, podrá suplir sus falencias y salir adelante.

Eso sí, no basta con tener una personalidad emprendedora para triunfar en los negocios, hay muchos factores que pueden incidir en el éxito o fracaso de un emprendimiento, tal y como revisaremos a continuación en este mismo capítulo.

Si el lector aún no lo ha hecho, recuerde que puede realizar una breve prueba de su capacidad emprendedora, descargando GRATUITAMENTE el "TEST EMPRENDEDOR" visitando: https://www.karinaastudillo.com/test-emprendedor.

¿Es realmente necesario un plan de negocios?

Esta es la pregunta que se hacen muchos de los aspirantes a empresarios antes de lanzarse a implementar su idea de negocios: ¿es absolutamente necesario crear un plan antes de poner en marcha una idea de negocios?

Como MBA me siento inclinada a decir que sí, pero en la práctica debo admitir que hay muchas empresas que se han establecido sin tener un plan de negocios[vii], de ellas algunas han crecido de forma exitosa y otras han fracasado en el camino.

No obstante, si tal vez el contar con un plan de negocios previo no garantizará que nuestra idea tenga éxito, el tenerlo nos ayudará a clarificar aspectos de nuestro mercado, de la competencia, de nuestros clientes, montos de inversión requeridos y nos permitirá sin duda averiguar a priori si nuestra idea tiene el potencial para ser rentable.

Por tanto, mi recomendación es crear un plan de negocios sin importar si nuestra idea es sencilla o si se trata de una idea compleja. En todos los casos, tener un plan de negocios nos será de mucha utilidad.

Finalmente, si para arrancar su emprendimiento requiere el aporte de fondos de terceros, en esos casos el plan de negocios será absolutamente requerido, pues no hay mejor forma de mostrarle a sus potenciales inversores el valor de su idea de negocios.

Los componentes de un plan de negocios

Un plan de negocios usualmente incluye las siguientes secciones:

- Resumen Ejecutivo
- Descripción del Negocio
- Productos y/o Servicios
- Análisis del Mercado
- Gestión del Negocio
- Análisis Financiero
- Evaluación Integral del Proyecto
- Anexos

Mas, crear un plan de negocios con todas las secciones arriba mencionadas podría resultar intimidante para quien aspira a crear un emprendimiento pequeño. En esos casos, un plan de negocios simplificado de pocas páginas puede ser un buen inicio y deberá responder como mínimo a las siguientes preguntas:

- ¿De qué se trata el negocio?
- ¿Cuáles son sus objetivos a corto, mediano y largo plazo?
- ¿Cómo va a generar ingresos?
- ¿Cuál es su propuesta de valor?
- ¿Cuánto es el monto requerido de inversión inicial?
- ¿En cuánto estima sus gastos mensuales?
- ¿En cuánto estima sus ingresos mensuales?
- ¿Qué tareas debe ejecutar para poner en marcha el negocio?
- ¿Qué tareas debe realizar regularmente para alcanzar los objetivos?

Explicar en detalle la elaboración de un plan de negocios está fuera del alcance de esta obra, pero nos esforzaremos por ayudar al lector a responder las preguntas planteadas arriba a lo largo de este y de los siguientes capítulos.

Consiguiendo asesoría para el plan de negocios

Uno de los obstáculos con los que se topan los emprendedores al tratar de crear su plan de negocios es la falta de conocimientos sobre áreas como marketing o finanzas, a veces sumado a la falta de capital para contratar asesores expertos en dichos temas.

Entonces, ¿cómo podemos vencer estos obstáculos sin invertir mucho dinero?

Una opción viable consiste en investigar en nuestra comunidad cuáles son las instituciones relacionadas con emprendimiento y negocios, pues muchas de ellas cuentan con planes de asesoría gratuitos para apoyar a los empresarios locales y a los aspirantes a emprendedores.

Estos son algunos ejemplos de instituciones, aunque los nombres pueden variar de acuerdo con el país:

- Ministerio de Comercio Exterior
- Ministerio de Industrias y Productividad
- Cámaras de Comercio
- Cámaras de la Pequeña Industria
- Superintendencia de Compañías
- Centros de Desarrollo Empresarial y Apoyo al Emprendimiento
- Incubadoras de Negocios
- Escuelas de Negocios

Dependiendo del país, es posible que el gobierno cuente con planes de fomento para el desarrollo empresarial que incluyan fondos semilla con capital no reembolsable para los emprendedores locales. Por tanto, conviene hacer una búsqueda en Internet y acudir a las instituciones a investigar.

A manera de ejemplo, en mi país, Ecuador, hay programas de financiamiento y ayuda técnica gratuita para los emprendedores a través del programa "Emprende Ecuador".

Las características de una idea de negocios ganadora

Ahora que ya conocemos las preguntas que como mínimo debemos responder sobre nuestro negocio, enfoquémonos en cuáles son las características que debe reunir una idea de negocios ganadora.

Si bien no hay una fórmula infalible que garantice que una idea de negocios será exitosa, la mayoría de los expertos en emprendimiento coinciden en que hay factores básicos que - si se cumplen - aportarán al éxito de la misma:

1. La idea de negocios agrega valor y soluciona una necesidad de los potenciales clientes
2. Es afín con los valores del emprendedor
3. Existe un mercado al cual venderle los productos/servicios que constituyen la idea de negocios
4. La puesta en marcha de la idea de negocios es viable para el emprendedor
5. Es posible para el emprendedor competir dentro del mercado
6. Es rentable

Con base en mi experiencia, a estos puntos yo le agregaría una característica adicional que considero importantísima:

7. El emprendedor siente pasión por su idea de negocios

Revisemos en detalle cada uno de estos factores.

La idea de negocios agrega valor y soluciona una necesidad de los potenciales clientes

Una idea de negocios debe solucionar una necesidad de su mercado objetivo, porque de lo contrario será muy difícil venderla.

Aunque esto suena obvio, la historia está plagada de casos de negocios fallidos porque el emprendedor no se tomó el tiempo para investigar las necesidades del mercado y se lanzó a ofrecer un producto o servicio que nadie quería, ya sea porque no llenaba una necesidad o bien porque estaba adelantado a su época.

Citemos, por ejemplo, el caso de la "línea de ropa interior femenina desechable de la empresa BIC". BIC es una importante empresa transnacional, posicionada mundialmente en la mente del consumidor por fabricar productos como lápices, bolígrafos, marcadores y otros útiles escolares y de oficina. En el año 1998 a BIC se le ocurrió incursionar en un nuevo mercado a través del lanzamiento de una línea de ropa interior femenina llamada "BIC for Her"[viii] que tenía una característica particular: *la ropa era desechable*. El resultado fue desastroso, puesto que el público objetivo que eran las mujeres en edad adulta (18-65 años) no consiguió asociar que una empresa de bolígrafos hiciera su ropa interior y menos que fuera desechable. Esto le valió a BIC el ingreso en el Museo de Innovaciones Fracasadas de Suecia.[ix]

Otro caso más reciente de un producto fallido es el de la tableta TouchPad, lanzada en el año 2011 por Hewlett Packard con el propósito de competir con el iPad de Apple. Si bien existe un amplio mercado para las tabletas digitales, la necesidad que resuelven éstas es a través de las aplicaciones que proveen y la TouchPad usaba el sistema operativo WebOS desarrollado por la empresa Palm, el cual tuvo varios inconvenientes desde sus inicios y nunca tuvo suficientes aplicaciones para competir con otros sistemas como Apple iOS y Android.

Es por tanto primordial para el aspirante a emprendedor plantearse la pregunta ¿qué necesidad de mi público objetivo puede satisfacer mi idea de negocios?

De acuerdo con Maslow (1943), quien promulgó una de las teorías más populares sobre la motivación humana, las necesidades se clasifican en 5 jerarquías, tal y como se muestra en la Ilustración 1.

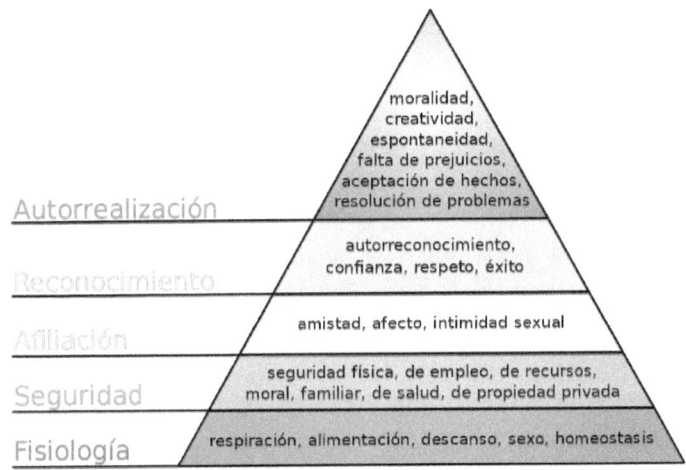

Ilustración 1 - Pirámide de Maslow

Fuente: Finkelstein, J. (2007, September 7). [Representación de la jerarquía de necesidades de Maslow]. Retrieved November, 2017, desde https://commons.wikimedia.org/wiki/File:Pir%C3%A1mide_de_Maslow.svg

1. **Fisiología:** Necesidades básicas o primarias, aquellas relacionadas con la supervivencia.
2. **Seguridad:** Necesidades de seguridad y protección, surgen cuando las básicas están satisfechas.
3. **Afiliación:** Necesidades sociales, tienen que ver con la afiliación y deseo de compañía del ser humano.
4. **Reconocimiento:** Necesidades de estima y reconocimiento, como la independencia, los logros, el estatus y similares.
5. **Autorrealización:** Necesidades de autorrealización, estas se encuentran en el último nivel jerárquico y usualmente se buscan cuando se han satisfecho los 4 niveles previos y tienen que ver con hallarle un sentido a la vida y el deseo de trascender.

Y por supuesto, un emprendedor puede encontrar ideas de negocios que satisfagan necesidades en cualquiera de las jerarquías previas. Veamos ejemplos de necesidades e ideas de negocios asociadas:

- La necesidad de comer diariamente: esta es una necesidad básica, puesto que todos necesitamos alimentarnos diariamente o de lo contrario podemos enfermar o morir. Por esto hay toda una industria alimenticia detrás de esta necesidad. Ejemplos: industrias ganaderas, productoras de leche, agroindustrias, procesadoras de alimentos, restaurantes, puestos de comida rápida, etc.

- La necesidad de encontrar pareja: esta, por otro lado, es una necesidad social. Las personas que desean encontrar a su media naranja encontrarán a su disposición miles de empresas dispuestas a hallar por ellas "al amor de su vida", tal es el caso de empresas que ofrecen el servicio de citas a través de Internet como el conocido Match.com o inclusive aplicaciones populares como Tinder.

- La necesidad de seguir estudios superiores o especializados: muchos coincidirán en clasificar esta necesidad en el nivel 4 (aunque en mi país podría estar muy bien en el nivel 1 para quienes nos dedicamos a la docencia). Para satisfacer esta necesidad han surgido diversos programas al interior de las universidades y de las empresas educativas a nivel mundial.

El lector seguro podrá imaginar muchos más ejemplos de ideas de negocios que satisfagan necesidades de su mercado objetivo. ¿Pero a qué nos referimos con que la idea de negocios debe además "agregar valor"?

Pues bien, analicemos esto con un ejemplo por demás sencillo. Imaginemos que nuestra idea de negocios consiste en poner una carreta de comida rápida de tacos. Entonces:

- **Idea:** carreta de comida rápida que sirva tacos y bebidas no alcohólicas
- **Tipo de necesidad que soluciona:** básica, alimentarse, nivel 1 de la Pirámide de Maslow.

- **Público objetivo:** niños, hombres y mujeres en edades comprendidas entre los 5 y 100 años (si sus arterias lo permiten)
- **Ubicación:** sector norte de la ciudad de Guayaquil, Ecuador

Si bien el potencial negocio que acabamos de describir suple una necesidad y tiene potencial para ser rentable, la descripción que hicimos describe cientos, si no miles de negocios similares, en la misma zona de nuestro ejemplo. Por tanto, ¿qué hará que una persona prefiera comer nuestros tacos versus los que venden los otros 999 puestos del sector?

Ese diferenciador es lo que llamamos el "valor agregado". ¿Cuál es nuestra contribución a esta popular idea de negocios que hará que se diferencie del resto y logrará que nos hagamos con un porcentaje del mercado y que sea rentable? Sobre rentabilidad hablaremos más adelante, pero por ahora concentrémonos en buscar el diferenciador.

En el ejemplo que estamos analizando tenemos varias opciones para agregar valor:

- **Ofrecer nuevos sabores de tacos:** qué tal si aparte de los típicos tacos de carne, pollo o mixtos ofrecemos tacos de camarón, de pulpo, de chivo, de conejo, vegetarianos... Por supuesto habría que pensar en algo que resulte agradable al paladar de nuestro público objetivo. Si ofrecemos tacos de tarántula, es posible que tal vez se vendan con éxito en China, pero si nuestro mercado está en Latinoamérica o España, salvo que pongamos nuestra carreta en el barrio chino, la probabilidad de que tengamos suficiente demanda es baja.
- **Incorporar acompañantes para el taco:** en mi país nos encanta el arroz, así que en nuestra región ofrecer la opción de agregarle arroz al taco sería una buena idea, pero quizás en España no tendría mucha acogida. Sin embargo, hay muchas otras posibles guarniciones que podrían combinar con un taco, por ejemplo: pimiento, cebolla, tomate, aceitunas, pickles, ají, etc.
- **Proveer aderezos diferentes:** podríamos ofrecer - además de las típicas salsas como mayonesa, salsa de tomate, queso, mostaza, guacamole, etc. - salsas adicionales como: ranch, chipotle, mostaza dulce, blue cheese, etc. O bien podríamos crear una nueva salsa, quizás la receta de salsa de la abuela tenga

acogida entre nuestro público objetivo.

- **Servicio al cliente superior:** las carretas de tacos típicas tienen vendedores que en general no son muy amables - al menos en mi ciudad - que se apresuran a preparar el taco para poder cumplir con las órdenes, pero descuidan su interacción con los clientes. Claro, aquí cabría analizar cuál es la expectativa del cliente respecto al vendedor de tacos, si el que sea amable no es algo que el cliente perciba como valor agregado, entonces no tendrá mayor sentido. Pero si nuestros potenciales clientes son como el humano promedio, preferirán ir a un lugar en donde los atiendan con amabilidad y les brinden un mejor servicio.

- **Tiempo récord para la entrega de la orden:** las carretas y otros puestos de comida rápida, deben hacer honor a su nombre; por tanto, el cliente espera que en todos estos lugares sus órdenes sean rápidamente despachadas. Si resulta que debe esperar 20 minutos a que le sirvan un taco, seguramente la próxima vez irá a otra carreta. Pero, por otro lado, si el tiempo de espera promedio en las carretas de tacos de la zona es de 8 minutos y usted consigue bajarlo a 4 minutos, sin sacrificar la calidad, ni el sabor, ni el servicio... entonces ese podría ser un diferenciador. ¿Cómo lograrlo? Pues habría que analizarlo, una opción podría ser contratar más personal, por ejemplo, una persona que despache y otra que cobre, pero esto subiría los costos. Otra opción podría ser precocer ciertos alimentos.

Vale aclararle al lector que no soy experta en el negocio de venta de tacos, así que se trata de un ejemplo con el ánimo de demostrar el concepto de valor agregado: **cada idea de negocios requiere que el emprendedor invierta buena parte de su tiempo en analizar su industria y su mercado.**

Ahora, alguien podría preguntarse... ¿y si nos diferenciamos por precio? ¿Qué tal si nuestros tacos son los más baratos de la zona y aun así obtenemos una rentabilidad aceptable? Pues hay espacio para todo un libro sobre análisis de precios, pero en mi humilde opinión la diferenciación por precios aplica en negocios en donde se puede emplear economías de escala, es decir, que en medida que se fabrican más productos el costo de producirlos decrece.

Si este fuera el caso de su idea de negocio, pues diferenciarse por precios estaría bien; aunque, es importante indicarle que el valor agregado debe cumplir una característica adicional: *debe ser difícil de replicar.*

Si resulta que los tacos del sector cuestan $3 y en nuestra carreta se venden a $2.50 con igual calidad, sabor y nivel de servicio, es altamente probable que captemos clientes hasta que los demás dueños de carretas noten nuestro ingreso al mercado; pero entonces podría ocurrir que, en respuesta, ellos bajen el valor a $2 y se entre en una guerra de precios en la que nadie gane. Por ello le aconsejo al lector analizar muy bien su sector antes de decidir sobre el valor agregado de su idea de negocios.

La idea de negocios debe ser afín con los valores del emprendedor

Es importante cuando se generen ideas de negocios, que dichas ideas sean compatibles con los valores éticos y morales del emprendedor y de los posibles socios de negocios involucrados; porque de lo contrario - aún si la idea logra despegar - es posible que fracase en la mitad del camino debido a esta incompatibilidad.

Les comento un caso de la vida real, un amigo cercano decidió montar un cibercafé en una zona residencial cercana a su casa. Un día me llamó por teléfono visiblemente exaltado, "Kari, tengo un problema terrible en el cibercafé" - me dijo. "Cálmate Freddy, cuéntame qué sucede" - le respondí. Él continuó, "Hoy descubrí a mi sobrino mirando pornografía en uno de los computadores del cibercafé y cuando lo confronté me dijo muy campante que por qué lo regañaba sólo a él si todos mis clientes lo hacían". Sucede que mi amigo es cristiano evangélico devoto y considera que mirar pornografía es pecado.

En respuesta a su problema le sugerí instalar un sistema para filtrado de navegación web, el cual le permitiría bloquear las páginas relacionadas con pornografía y otras categorías que él escogiera.

Para no alargarles la historia, mi amigo compró la solución, pero insistió en bloquear categorías como: pornografía en general, nudismo, violencia, discriminación, tabaco, alcohol, software ilegal, torrents, malware, etc. ¿El resultado? Su clientela disminuyó notablemente durante los meses subsiguientes y tuvo que reorientar su negocio para subsistir. Mi amigo fue creativo al ofrecer servicios complementarios como impresión, fotocopiado, venta de útiles escolares y accesorios de computación; pero se mantuvo firme en sus valores y no desbloqueó los sitios mencionados. Si el negocio no se hubiese recuperado, quizás habría tenido que cerrarlo, porque parte de su operación iba en contra de sus valores y creencias, algo que no había analizado en profundidad antes de iniciar el mismo.

Por ello es importante efectuar un concienzudo análisis de nuestra idea de negocios y prever pormenores asociados a la operación, que de presentarse podrían ponernos en la dura disyuntiva de ir en contra de nuestros valores o cerrar la empresa.

Existe un mercado para la idea de negocios

Un mercado en economía se refiere al grupo de compradores (demanda) dispuestos a adquirir los servicios o productos ofrecidos por los vendedores (oferta).

Tradicionalmente hay tres grandes categorías de mercado en la economía:

- **Mercado de bienes y servicios:** es en el que las empresas o personas naturales ofertan productos o servicios para el consumo de otras personas o empresas, las cuales a su vez demandan dichos productos o servicios.
- **Mercado financiero:** abarca la oferta y demanda de productos financieros como bonos, acciones, seguros y similares. En este mercado actúan entes como bancos, financieras, aseguradoras, empresas y personas naturales.
- **Mercado laboral:** aquí las empresas demandan servicios laborales (empleadores), los cuales son ofertados por personas naturales (empleados o trabajadores).

Y dentro de estas grandes categorías existen distintos segmentos de mercado. Un segmento, como su nombre sugiere, es un subconjunto o porción de un mercado que abarca un grupo de clientes con preferencias de compras en común (Stanton, Etzel & Walker, 2007)[x].

Veamos algunos ejemplos:

- **Segmentos del mercado de bienes y servicios:** salud, dinero, amor, hobbies, etc.
- **Segmentos del mercado financiero:** bursátil (bolsa de valores), extrabursátil (fuera de la bolsa de valores), intermediación financiera.
- **Segmentos del mercado laboral:** sector formal, sector informal, servicio doméstico, sector agrícola.

Dicho esto, podría darse el caso de que nuestra idea de negocios satisfaga un tipo de necesidad y esté alineada con nuestros valores, pero aun así el tamaño del segmento de mercado sea insuficiente para hacer rentable nuestro emprendimiento, o peor aún, que nadie quiera nuestros productos o servicios.

De acuerdo con la revista Fortune (2014),[xi] la razón número uno de fracaso de los emprendimientos - dicho por el 42% de los empresarios entrevistados - es la falta de la necesidad de su producto por parte del mercado. ¿Pero cómo es esto de que el producto puede satisfacer una necesidad y aun así no tener demanda suficiente?

Creo que esto se entiende mejor con un ejemplo. Hoy en día casi todo el mundo hace uso de redes sociales para conectarse con amigos, familiares, conocidos y hacer nuevas amistades. Las redes sociales, hacen honor a su nombre al satisfacer la necesidad de socializar del ser humano (jerarquía 4 de la pirámide de Maslow). Seguro en este momento vienen a su mente nombres como Facebook, Twitter, Instagram, Pinterest y otros más. ¿Pero sabía usted que la primera red social moderna fue Six Degrees (Seis Grados)?

Six Degrees fue una red social fundada en el año 1997, basada en la teoría de que existe un máximo de 6 grados de separación entre personas que no se conocen y que permitía a sus usuarios crear perfiles, buscar a sus amigos dentro del sitio web, crear listas de conocidos, enviar invitaciones para que otras personas se unan a la red, intercambiar mensajes y conocer a amigos de sus amigos. Aunque este concepto en la actualidad es algo básico en cualquier red social, fue una verdadera innovación en su época.

Lamentablemente, a pesar de haber logrado alrededor de 3'500,000 suscriptores, Six Degrees cerró su plataforma en el 2001. De acuerdo con Laura Prall (2010)[xii], esto se debió en parte a que no tuvo los suficientes usuarios requeridos para hacer la plataforma rentable para su modelo de negocio, el cual generaba ingresos en base a anuncios publicitarios.

Por tanto, es vital efectuar un análisis de nuestro mercado objetivo que nos permita determinar con antelación si nuestra idea de negocios tendrá o no la suficiente acogida requerida. Dicho esto, nuestro primer paso será escoger un nicho dentro de un segmento del mercado y a partir de él definir nuestro público objetivo.

Escogiendo un nicho de mercado

Un nicho comprende un grupo dentro de un segmento de mercado en el cual los consumidores tienen características semejantes y cuyas necesidades específicas no están cubiertas en su totalidad por la oferta general del mercado.

Ahora, puede que el lector se esté preguntando en este momento: ¿Por qué escoger un nicho de mercado? ¿Por qué no venderle a un segmento o a todo el mercado?

Esto se debe a las dificultades que implicaría tratar de satisfacer las necesidades de todos los clientes potenciales dentro de un mercado. Por ello, resulta menos complejo crear un negocio alrededor de una idea que satisfaga a un nicho específico de consumidores.

Veamos ejemplos de nichos posibles dentro de cuatro segmentos de mercado populares:

- **Nichos en el segmento del amor:** productos para regalarle a la pareja, servicios de citas por Internet, libros y seminarios sobre cómo conseguir pareja, cómo recuperar/olvidar al ex o a la ex, etc.
- **Nichos en el segmento de los hobbies:** productos y servicios relacionados con hobbies como ciclismo, jardinería, bricolaje, videojuegos, etc.
- **Nichos en el segmento del dinero:** productos financieros como fondos de inversión, planes de pensiones, depósitos a plazo fijo, libros y cursos sobre administración de las finanzas, cómo montar una empresa, cómo salir de deudas, cómo vender, marketing digital, etc.
- **Nichos en el segmento de la salud:** productos farmacéuticos, para bajar de peso, medicina natural, servicios como seguros de vida y medicina prepagada, dietas para perder peso, dietas veganas, dietas paleo o cualquier otra dieta de moda, gimnasios, academias de artes marciales, natación, etc.

Una vez escogido el nicho de mercado de nuestra preferencia, generaremos ideas de negocios afines y trataremos de identificar a nuestro público objetivo, para en base a ello investigar si existe o no demanda para dichas ideas.

Investigando el mercado

Revisar técnicas formales de investigación de mercado nos tomaría todo un libro, pero por suerte existen herramientas sencillas que podemos usar para darnos cuenta rápidamente de si hay o no una demanda potencial para nuestra idea de negocios:

- **Google Keyword Planner:** es una herramienta gratuita que forma parte del servicio Google AdWords (para crear anuncios publicitarios pagados), la cual permite analizar información estadística por palabras claves (keywords) usadas en búsquedas por los usuarios de Google. Ver https://adwords.google.com.

- **Semrush:** es un servicio online de pago que permite analizar información estadística útil sobre palabras claves y dominios en Internet. Ver https://es.semrush.com.[xiii]

Algo que me agrada de ambas herramientas es la posibilidad de acotar la información a un área geográfica específica, lo cual es sumamente útil para quienes piensen en ideas de negocios con cobertura local solamente. En el caso del Google Keyword Planner el área geográfica puede ser un país, una ciudad o una región inclusive, mientras que Semrush posee información localizada por países.

Imaginemos por un instante que nuestra idea de negocios tiene que ver con la venta de productos para bajar de peso. En este ejemplo:

Idea: portal web de venta de productos relacionados con la pérdida de peso.
Tipo de necesidades que soluciona: seguridad y autoconfianza, niveles 2 y 4 de la Pirámide de Maslow.
Ubicación: las ventas se realizarán de forma online, así que no habrá tienda física; pero en este ejemplo las entregas se limitarán al territorio español (venga tío, que despacharemos sólo a España).
Público objetivo: ¿?

Como pueden ver arriba, he dejado la descripción del público objetivo como interrogante, porque eso es justamente lo que trataremos de definir antes de inferir si se trata o no de una idea con potencial para ser rentable.

Dijimos en una sección previa que la idea de negocios debe agregar valor, que debe diferenciarse y que no debe ser fácil de replicar. Si dejamos la idea de forma tan amplia como está descrita (portal de productos para bajar de peso), hallaremos que en efecto existe demanda, pero nos encontraremos en un nicho bastante saturado en el que la competencia es sumamente alta.

Ilustremos esto con un ejemplo, partamos de una simple búsqueda en Google con las palabras clave "perder peso".

Ilustración 2 - Búsqueda en Google, keywords: perder peso

Como se observa en la Ilustración 2, hemos obtenido más de 34 millones de resultados al respecto de perder peso. Comparemos esto con un nicho poco demandado como "jugar macatetas[xiv]", lo sé es un ejemplo un poco extremo, esto es a propósito.

Ilustración 3 - Búsqueda en Google, keywords: jugar macatetas

Tal como se observa en la Ilustración 3, apenas obtuvimos 31,400 resultados. Esto nos deja entrever que en efecto el nicho de la pérdida de peso es grande, puesto que hay mucha oferta de contenidos al respecto indexados en Google. Dado que se trata de un negocio de venta de productos online, tratar de posicionar nuestra tienda virtual entre 34 millones de resultados sería un trabajo muy arduo, inclusive siendo expertos en marketing digital.

Es precisamente en este momento en que las herramientas de las que hablábamos antes, Google Keyword Planner y Semrush, nos serán de utilidad. Ambas herramientas nos permiten encontrar términos de búsqueda utilizados por los usuarios en relación con las palabras clave que ingresemos, eso nos dará ideas no sólo para conocer si existe o no demanda para nuestra idea de negocios, sino que además nos ayudará a identificar posibles "micronichos" rentables.

Como su nombre sugiere, un micronicho es un nicho dentro de un nicho. Siguiendo con nuestro ejemplo de la pérdida de peso, estos son ejemplos de posibles micronichos: cómo perder peso luego del embarazo, cirugías seguras para la pérdida de peso, cuidados especiales luego de una cirugía bariátrica, cómo perder peso rápidamente, etc.

Teniendo esto en cuenta usemos Google Keyword Planner y Semrush para descubrir con cuánta frecuencia los usuarios buscan la frase "bajar peso". Observe el lector que he limitado la búsqueda a España en ambas plataformas, para que coincida con la ubicación de la idea de negocios ejemplo.

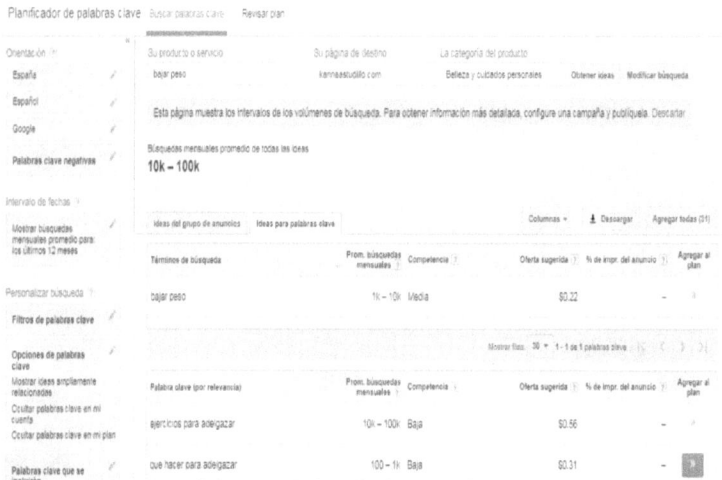

Ilustración 4 - Planificador de palabras clave de Google

Ilustración 5 - Búsqueda en Semrush

Se observa en la Ilustración 4 que Google registra entre mil y diez mil búsquedas mensuales de la frase "bajar peso", pero lo más interesante es que nos sugiere frases como "ejercicios para adelgazar", la cual tiene entre diez mil y cien mil búsquedas mensuales. Este bien podría ser nuestro micronicho.

Si analizamos con detenimiento los resultados provistos por Semrush, mostrados en la Ilustración 5, veremos que la frase "bajar peso" tiene poco más de diez mil búsquedas mensuales, mientras que las frases "cómo bajar de peso" tiene 22,000 búsquedas mensuales, "cómo bajar de peso rápido" reporta 5,400 búsquedas mensuales y "jugos para bajar de peso" reporta 3,600 búsquedas mensuales.

En mi experiencia, para lograr hacer dinero online se requiere un nicho con un mínimo de 10 mil búsquedas por mes. Así que en efecto existe una demanda aceptable para el nicho de la pérdida de peso, pero sabemos que hay una alta competencia.

Analizando las ideas provistas por Google y Semrush sobre posibles micronichos, la que pareciera tener mayor potencial es la de "ejercicios para adelgazar". Realizaremos ahora una nueva búsqueda con esta frase clave en Semrush, puesto que ya conocemos el volumen de búsquedas en Google. Estos son los resultados:

Ilustración 6 - Afinando la búsqueda en Semrush

Como notará el lector en la Ilustración 6, los resultados para este micronicho son alentadores, sólo para la frase clave "ejercicios para adelgazar" hay 14,800 búsquedas mensuales en promedio efectuadas por internautas de España, mientras que el volumen total de búsquedas para las distintas variaciones suma 59,110.

Esto nos lleva a concluir que en efecto el micronicho de "ejercicios para adelgazar" tiene potencial para ser rentable. Y esto, que hemos definido el ejemplo pensando en productos físicos que se entregarán dentro del territorio español; cuando los productos son digitales, la complejidad del proceso de entrega disminuye y se puede expandir el territorio casi a todo Internet.

Dicho esto, ya podemos definir mejor nuestro público objetivo:

● **Público objetivo:** adultos españoles con problemas de sobrepeso, interesados en realizar ejercicios físicos formulados para la pérdida de peso.

Eso sí, debo aclararle al lector que el volumen mensual de búsquedas reportado por Google y Semrush para una combinación de palabras clave no constituye el tamaño total del segmento de mercado, nicho o micronicho. Estas son herramientas que nos ayudan a descartar una idea en favor de otra, pero de ninguna manera sustituyen un análisis formal del mercado.

Aclaremos esto con un ejemplo, ¿recuerda el lector mi idea sobre jugar macatetas? Pues bien, veamos el volumen de búsquedas mensuales sobre este tema en Google y Semrush (ver Ilustraciones 7 y 8).

Para nada alentador... supongo que seguiré soñando en mi negocio de macatetas, tal vez si programo un videojuego logre captar la atención de los niños modernos ;-)

Fuera bromas, quiero expresarle al lector que, aunque el ejemplo usado en esta sección es sobre una tienda virtual, los resultados obtenidos sobre la demanda se pueden extrapolar a una tienda física.

Le recomiendo al lector investigar si en su país existen herramientas disponibles que contengan información estadística útil sobre su sector de interés.

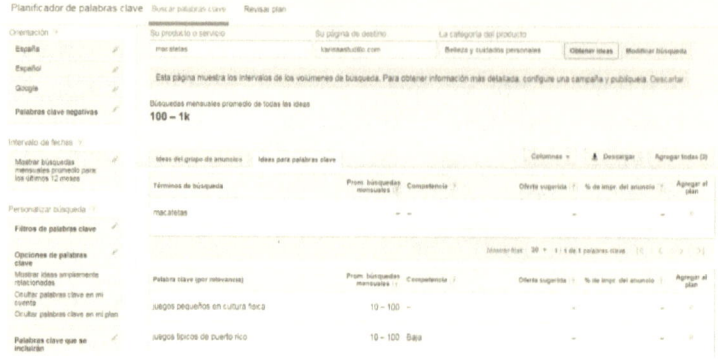

Ilustración 7 - Keyword macatetas en GKP

Ilustración 8 - Keyword macatetas en Semrush

A manera de ejemplo, en mi país el INEC (Instituto Nacional de Estadísticas y Censos) provee una herramienta online gratuita llamada "Sí Emprende", la cual proporciona información muy útil para los emprendedores sobre montos de inversión, volumen de ventas, gastos, etc. La Ilustración 9 muestra datos estadísticos consultados usando esta herramienta sobre el sector de "Mantenimiento y reparación de automotores" en la ciudad de Guayaquil.

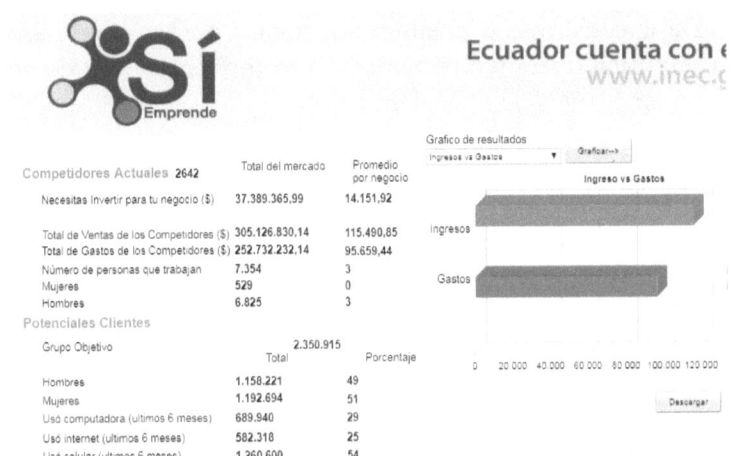

Ilustración 9 - Información del sector de talleres automotrices, herramienta Sí Emprende

Finalmente, aunque hemos obtenido información útil haciendo uso de herramientas como Google Keyword Planner y Semrush, es mi recomendación que efectúe un análisis de mercado formal como parte de su plan de negocios, una vez haya elegido la idea con mayor potencial para ser implementada.

La ejecución de la idea de negocios es viable

Cuando se analiza una idea de negocios, un factor importante a notar es si es o no factible para el emprendedor poner en marcha dicha idea.

Esto debe analizarse desde diversos puntos de vista: qué conocimientos o experiencia en el área requerida tiene el emprendedor, si cuenta con acceso a los recursos económicos necesarios para la ejecución de la idea y si existe o no una demanda real para el producto o servicio.

Si el emprendedor no tiene conocimientos técnicos ni experiencia relacionados con el área de su idea de negocios, requerirá rodearse de expertos en dicha área para implementarla.

De igual forma, si el emprendedor no cuenta con la inversión inicial y el capital operativo requeridos para montar su idea de negocio, deberá buscar fuentes de financiamiento.

Por último, es importante que el emprendedor realice un análisis del mercado como parte del plan de negocios para determinar si existe una demanda potencial para su producto, cuáles son los productos sustitutos y si existen competidores en su área.

Es posible para el emprendedor competir dentro del mercado

Uno de los desafíos para el emprendedor antes de iniciar su negocio, es conocer de antemano si va a ser posible para él competir en su industria en base a sus recursos humanos, técnicos y económicos. Esto implica efectuar un análisis del sector para identificar a los actuales competidores y otras empresas que podrían ofrecer servicios o productos sustitutos.

Efectuar este análisis nos permitirá saber si el mercado que hemos escogido es relativamente virgen o si se trata de un mercado saturado, en el cual los nuevos entrantes deberán pelearse a muerte con las empresas ya establecidas para hacerse con una porción del pastel.

Sobre análisis de la competencia y estrategia competitiva se han escrito infinidad de libros que justamente tratan de proveer elementos para poder competir dentro de un mercado existente y - no tan recientemente - también han surgido líneas de pensamiento orientadas a la creación de nuevos mercados a través de la innovación, como es el caso de la famosa estrategia de océano azul[xv].

La idea de negocios tiene el potencial para ser rentable

Aunque sea el último punto que revisar, es sin duda el más importante, puesto que ningún emprendedor en su sano juicio (salvo que se trate de un emprendimiento social sin fines de lucro) montaría un negocio sabiendo de antemano que va a perder dinero.

Para poder determinar la rentabilidad de un negocio hay diversos elementos que se deben revisar:

- El monto de inversión inicial y el capital operativo requeridos
- Los recursos humanos y técnicos involucrados en la operación del negocio y los costos asociados
- Las proyecciones de ventas
- El retorno de inversión esperado

Esto nos permitirá modelar en cuánto tiempo - en base a las proyecciones de ventas – podría recuperarse la inversión efectuada y si el negocio generará o no la rentabilidad esperada.

Existe toda una teoría detrás de la evaluación de proyectos que no pretendemos cubrir en esta obra, pero revisaremos lo esencial en el capítulo 4.

Sin embargo, es vital que el lector tenga claro que si bien la evaluación de proyectos es una herramienta muy útil para juzgar si un proyecto tiene o no el potencial para ser rentable, esto no es una ciencia exacta. La historia empresarial está plagada de proyectos rentables en el papel que han sido un total fracaso, debido a factores que no fueron tomados en cuenta o a proyecciones optimistas de ventas que no se basaban en la realidad del mercado objetivo y también el caso contrario, proyectos que fueron rechazados porque el flujo de caja decía que no podían ser rentables y que se ejecutaron a pesar de ello y resultaron ser rentables.

Por tanto, la valoración del proyecto es una herramienta imprescindible y valiosa para decidir si arrancar un negocio o no, pero no tiene la última palabra... esta siempre la tendrá el emprendedor detrás de la idea de negocios.

Bien, hemos analizado en esta sección cuáles son las características básicas de una idea de negocios ganadora. En el siguiente capítulo veremos cómo generar ideas de negocios que cumplan con estas características.

Capítulo 3: Escogiendo el negocio de nuestros sueños

Generando ideas de negocios

Dijimos en el capítulo previo, que para que una idea de negocios tenga el potencial para ser exitosa, esta debe solucionar una necesidad del mercado objetivo y agregar valor; pero a su vez, la implementación de esta idea de negocios debe estar al alcance del emprendedor desde el punto de vista económico y técnico y que, además dicha idea debe ser rentable.

Por tanto, la pregunta que surge es: ¿cómo genero una idea de negocios que cumpla con todos estos atributos?

La respuesta puede ser muy compleja, pero los siguientes son puntos de partida para generar ideas de negocios:

- A partir de hobbies
- A partir de la experiencia laboral
- A partir de necesidades insatisfechas

Lo ideal en la fase de generación de ideas de negocios es soñar abiertamente y proponerse muchas ideas, no hay idea mala de momento, ya más adelante durante la fase de evaluación iremos descartando las menos favorables en pro de las más viables.

A partir de hobbies

Si nuestra idea de negocios está relacionada con algo que disfrutamos hacer, podríamos estar entre los afortunados que cumplen su sueño de trabajar en algo que aman. Con todo, no podemos olvidar que se trata de un negocio y, por tanto, deberemos determinar si existe o no un mercado para nuestra idea y si esta tiene o no el potencial para ser exitosa, porque de lo contrario - si nos dejamos llevar sólo por la emoción - podríamos terminar con un pasatiempo muy caro en lugar de con un negocio rentable.[xvi]

Según Bill Brigham, director del Small Business Development Center en Albany, alrededor del 40% de los nuevos negocios los inician personas enfocadas en hacer de sus hobbies un negocio rentable[xvii]. Adicionalmente, de acuerdo con el estudio "Aviva's bi-annual Pulse" (AVIVA, 2013), el 42% de los dueños de negocios entrevistados tornaron hobbies como la fotografía, el arte, las artesanías y el horneado de tortas en negocios de tiempo parcial.

Como primer paso para generar ideas de negocios potenciales, podemos explorar la industria por productos y servicios relacionados con nuestros hobbies favoritos y ver si hay algunas ideas que nos resulten atractivas.

Como segundo paso, podemos analizar si hay algún aspecto que no esté siendo atendido ya sea total o parcialmente por los proveedores existentes, o bien no con el nivel de servicio deseado.

Un tercer paso, consiste en analizar cuáles son las tendencias del mercado global y cómo esto podría combinarse con nuestra potencial idea de negocios para agregarle valor.

Un ejemplo de tendencia global es usar cada vez más dispositivos móviles para efectuar transacciones. Por tanto, una opción sería analizar cómo la tecnología móvil podría aportar a nuestra idea.

Imaginemos un caso puntual, si nuestra idea de negocios estuviese relacionada con un hobbie como la jardinería cabría preguntarse ¿qué actividad recurrente efectuamos en este hobbie? Una respuesta posible es: comprar semillas certificadas.

Y si resulta que las semillas certificadas sólo se obtienen actualmente en un invernadero alejado de nuestra casa y que requiere que manejemos durante largas horas, entonces sería posible que otros entusiastas de la jardinería estuviesen pasando por lo mismo.

Para este escenario, una idea de negocios podría ser crear una empresa que entregue semillas certificadas a domicilio en una región X y que los pedidos puedan efectuarse a través de una aplicación móvil y un sitio web.

Otro ejemplo de hobbie en el que la tecnología ha agregado valor es la lectura. Empresas como Amazon, Scribd, Barnes&Noble, Apple, etc., rompieron el paradigma de que el lector debía comprar libros impresos y desde hace ya varios años el negocio de los libros electrónicos (e-books) ha despegado notoriamente, llevando a la creación de dispositivos para su lectura como Kindle, Tolino, Nook, entre otros, y resultando en la creación de aplicaciones móviles para leer e-books y escuchar audiobooks, que son utilizadas por millones de usuarios a nivel mundial.

Con todo, no es necesario ser una empresa gigante como Amazon o Apple para tener una buena idea que pueda convertir un pasatiempo en un negocio rentable.

A partir de la experiencia laboral

Si usted se ha desempeñado dentro del mundo laboral al interior de diversas empresas y ocupando distintos cargos, entonces es seguro que usted cuenta con habilidades y experiencia que ha ido adquiriendo a lo largo de los años.

Estas habilidades que usted ha desarrollado, sumadas a su experiencia son sumamente valiosas y pueden resultar en una importante fuente para la generación de ideas de negocios (Shepherd & DeTienne, 2005).[xviii]

No importa en qué haya trabajado usted, le aseguro que puede pensar en varias ideas de negocios relacionadas con su área de experiencia.

Quizás ha notado usted que el nivel de servicio o la calidad que ofrecen ciertos proveedores de su actual o antiguo empleador no son satisfactorios o podrían mejorarse. En ese caso podría usted montar un negocio alrededor de estos productos o servicios y convertirse en proveedor de su empleador y otras empresas del sector.

O quizás su actual empleador está descuidando un nicho de negocios en el que usted podría especializarse y realizar una innovación.

¿O por qué no tomar un producto existente con el que usted tiene experiencia y mejorarlo? O, por el contrario, ¿por qué no tomar un producto muy exitoso y crear una versión con menos atributos de menor costo?

¿O qué tal si revisa ideas relacionadas con su área de experiencia que tienen éxito en mercados del exterior y busca cómo adaptarlas al suyo?

En fin, su imaginación es el límite.

A partir de necesidades insatisfechas

¿Ha pensado alguna vez "ojalá y a alguien se le ocurriera dar el servicio X o Y" o "cómo y se les ocurriera inventar X cosa"?

Si este es su caso, esa necesidad insatisfecha podría ser el punto de partida para su próxima idea de negocios.

No obstante, es importante confirmar a través de un estudio de mercado si dicha necesidad es compartida por suficientes personas como para generar una demanda que haga rentable su emprendimiento.

Lo invito a pensar en problemas no resueltos que enfrente en su vida diaria. ¿Hay más personas que comparten esos problemas? ¿De qué formas podrían resolverse? ¿Es factible para usted implementar las soluciones o formar un equipo que lo haga?

Ejercicio: generación a priori de ideas de negocio

Muy bien, ha llegado el momento de generar nuestras ideas de negocios y efectuar un primer filtrado de estas, para escoger las que nos resulten más atractivas antes de efectuar una evaluación más rigurosa.

Como primer paso, efectuaremos una sesión de lluvia de ideas[xix] en la que listaremos todas las ideas de negocios que se nos ocurran ya sean basadas en hobbies, nuestra experiencia laboral o a partir de necesidades detectadas. Durante este paso no censuraremos ninguna idea aún, sin importar lo alocada que nos parezca. Le sugiero que genere al menos 10 ideas para empezar.

Como segundo paso, tomaremos las ideas una por una y llenaremos el Cuadro 1 mostrado a continuación.

CUADRO INFORMATIVO SOBRE LA IDEA DE NEGOCIOS	
Breve descripción de la idea:	
Público objetivo:	
Qué problema resuelve:	
Cómo puede implementarse:	
Cuál es el valor agregado:	

Como tercer paso, llenaremos el Formulario 1 para cada idea de negocios:

Formulario 1

FORMULARIO DE VALORACIÓN A PRIORI DE LA IDEA DE NEGOCIOS

Asigne un puntaje del 1 al 5 a la idea de negocios por cada afirmación, luego sume los puntajes obtenidos.

Escala: 1 = Absolutamente en Desacuerdo, 5 = Totalmente de Acuerdo

AFIRMACIÓN	PUNTAJE
1. Amo la idea de negocios	
2. Cuento con habilidades y experiencia relacionados con la idea de negocios	
3. La idea está alineada con mis valores éticos y morales	
4. Considero que existe un mercado potencial para la idea de negocios	
5. Considero factible implementar la idea de negocios dentro de un tiempo aceptable para mí	
TOTAL:	

Finalmente, ordenaremos las ideas por puntaje de mayor a menor.

"Un hombre con una nueva idea es un loco hasta que ésta triunfa." Mark Twain.

Ejercicio: investigación simplificada del mercado

¿Recuerda las herramientas que cubrimos en el capítulo 2 para determinar si existe un mercado potencial para nuestras ideas de negocios?

Pues muy bien, ha llegado la hora de usarlas.

Lo invito a tomar las 3 ideas mejor puntuadas del ejercicio previo y efectuar una investigación simplificada del mercado usando Google Keyword Planner y Semrush.

Para usar el Google Keyword Planner debe abrir previamente una cuenta en el servicio de Google AdWords. La apertura de la cuenta es gratuita y el uso de la herramienta también. Si tiene dificultades para usar la herramienta por favor revise la documentación provista por Google.

Le recuerdo que Semrush es un servicio pagado, pero las 10 primeras consultas son gratuitas, sólo debe registrarse en https://es.semrush.com.

¡Adelante! ¡Ya está un paso más cerca de alcanzar su sueño!

Aterrizando el modelo de rentabilidad del negocio

Ahora que ya tenemos varias ideas de negocios interesantes, el siguiente paso será analizar cómo esas ideas podrían convertirse en un negocio rentable.

Según Fielt (2013)[xx], un modelo de rentabilidad del negocio, o abreviado, un modelo de negocio, "puede ser definido como el valor lógico de una organización en términos de cómo crea y captura valor para el cliente y cómo puede ser representado concisamente por un conjunto interrelacionado de elementos que dirijan al cliente, la propuesta de valor, la arquitectura organizacional y las dimensiones económicas" (p.92).

Simplificando el concepto, un modelo de negocio nos dice cómo la empresa va a operar para generar rentabilidad y proveer valor a sus clientes. Esto implica definir una serie de elementos como:

- Si la empresa va a vender productos, servicios o ambos.
- Si la empresa va a fabricar los productos o va a obtenerlos de un tercero.
- Si los servicios se proveerán con personal propio o mediante outsourcing.
- Si la venta de los productos o servicios se hará directamente a los usuarios finales o a través de terceros.
- Si los productos serán físicos o digitales.
- Si en lugar de vender los productos o servicios se dará acceso a los mismos a través de una suscripción o renta. Etc.

Existen diversos métodos que facilitan la creación de modelos de negocio, pero sin duda el más popular es el denominado "Business Model Canvas" (Osterwalder & Pigneur, 2010),[xxi] el cual es un lienzo compuesto de bloques que cubren los siguientes aspectos de un negocio: segmentos de clientes, propuesta de valor, relación con los clientes, canales, fuentes de ingresos, recursos clave, actividades clave, socios clave y estructura de costos.

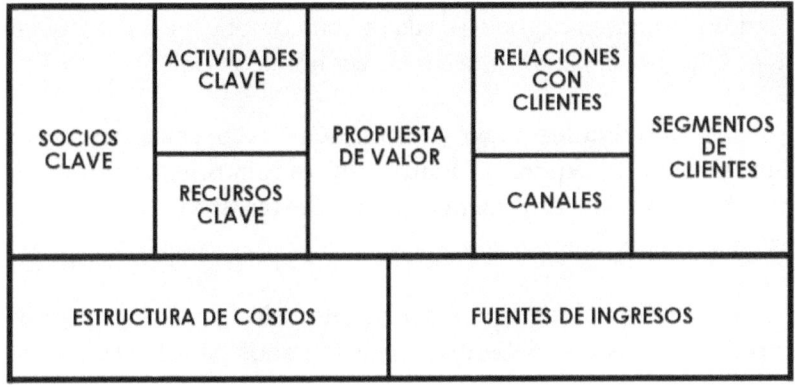

Ilustración 10 - El lienzo Canvas

Fuente: (Osterwalder & Pigneur, 2010). [Business Model Canvas: nine business model building blocks].

Los **segmentos de clientes** se refieren a nuestro mercado objetivo, es decir, quiénes son los clientes potenciales para nuestros productos y/o servicios.

En la **propuesta de valor** describimos nuestros productos y/o servicios, qué beneficios ofrecen a nuestros clientes y cuál es el valor agregado.

La sección de **relación con los clientes**, como su nombre indica, nos permite pensar a priori en cómo va a interactuar la empresa con sus clientes en las distintas fases de la cadena de valor[xxii]. Por citar un ejemplo, en los servicios postventa podríamos tener una interacción directa con los clientes a través de ejecutivos de servicio al cliente o por el contrario, implementar una mesa de ayuda automatizada para que sea el mismo cliente quien resuelva los problemas que se presenten.

En el bloque **canales** definiremos los medios para hacer llegar los servicios y/o productos a nuestro mercado objetivo. Por ejemplo, tener puntos de ventas propios versus usar minoristas.

Las **fuentes de ingresos** incluyen todas las formas en las que la empresa va a generar dinero.

En la sección de **recursos clave** se detallan los elementos necesarios para que el negocio pueda operar como: personal, maquinaria y equipos, licencias, patentes, recursos económicos, etc.

Las **actividades clave** reúnen aquellas operaciones que son medulares para la empresa. Este paso es importante porque nos permitirá decidir la conveniencia o no de tercerizar actividades no esenciales.

Los **socios clave** agrupan a las entidades y personas externas a la empresa con las que deberemos relacionarnos para hacer posible la operación del negocio. Aquí entran proveedores, afiliados, franquiciados, licenciantes y otros asociados de negocios.

Finalmente, la **estructura de costos** comprende todos los valores incurridos para la operación del negocio y la estrategia a utilizar para optimizar dichos costos.

Cabe además mencionar que existen clasificaciones genéricas de modelos de negocio que podrían aplicar para nuestra idea potencial, entre ellas:

- **Fabricante:** aquí la empresa obtiene sus ingresos a partir de la venta a distribuidores de productos fabricados por la misma. Los productos se venden usualmente por grandes cantidades a los distribuidores con un descuento especial basado en una lista de precios, los distribuidores a su vez venden los productos en menores cantidades a las empresas minoristas quienes se encargan de entregar los productos a los usuarios finales.
- **Distribuidor:** un distribuidor compra sus productos a uno o más fabricantes de forma directa, los cuales luego vende con un porcentaje de rentabilidad a empresas minoristas.
- **Minorista:** Los minoristas compran sus productos a los distribuidores con un margen de descuento menor sobre el precio de venta final del que obtienen dichos distribuidores de los fabricantes de los productos. Para vender los productos a los usuarios finales, los minoristas deben invertir en el establecimiento de puntos de venta virtuales o físicos.
- **Dropshipping:** en este modelo de negocio online, el emprendedor

sirve como intermediario entre el usuario final de los productos y el proveedor, pero es el proveedor quien hace la entrega del producto al comprador.

- **Franquicia:** es un modelo de negocio en el cual una de las partes (el franquiciador) le concede a otra (el franquiciado) el derecho a usar su marca y procesos (know how) a cambio de una remuneración económica que usualmente consiste en un pago único inicial (por uso de la marca, documentación de procesos más entrenamiento) más un porcentaje de las ventas (royalty). Ejemplos de franquicias: McDonalds, Starbucks, KFC, Konica Photo Stores, Gold's Gym.

- **Cebo y anzuelo:** en este modelo de negocio clásico se atrae al cliente con un producto de costo bajo o gratuito y luego se le cobra de forma recurrente por servicios, repuestos o suministros. Algunos ejemplos: celulares y tiempo aire, máquinas de café y cápsulas, impresoras a inyección y cartuchos de tinta, afeitadoras y cuchillas, software libre y soporte técnico.

- **Freemium:** es un modelo en el cual se ofrece un producto o servicio básico sin costo a la mayoría de los usuarios y se cobra un valor a los usuarios que deseen acceder a un servicio o producto de superiores características (premium). Para que este modelo sea rentable se requiere tener una base grande de usuarios. Este modelo de negocio es utilizado mayoritariamente por compañías de tecnología a través de aplicaciones móviles o web. Algunos ejemplos: Spotify, Dropbox, Cisco Webex, Mailchimp, EverNote, Skype.

- **Suscripción:** aquí los clientes pagan un valor que puede ser por un periodo fijo o de forma recurrente para obtener acceso a los productos o servicios. Ejemplos: academias de distinta índole, gimnasios, aplicaciones en nube (Office365, Adobe Cloud), servicios de libros electrónicos (Kindle Unlimited, Scribd, Audible), música online (Apple Music, Pandora).

- **Long tail (cola larga):** son negocios que obtienen rentabilidad al vender pocas unidades de un gran abanico de productos. El mejor ejemplo para este modelo es Amazon, quien nació como una librería en línea y hoy vende prácticamente de todo. Otros ejemplos: Walmart, Aliexpress, iTunes.

- **Multi-sided (múltiples lados):** estos negocios generan ganancias al facilitar la interacción entre dos o más partes. Ejemplos: Google (empresas con presencia web, usuarios que buscan información y anunciantes), Uber (choferes y pasajeros), Mercado Libre (vendedores y compradores), Airbnb (propietarios de casas o departamentos y personas que desean hospedaje a bajo costo).

- **Crowdsourcing (economía colaborativa):** es un modelo que usa medios digitales para generar valor para todas las partes involucradas a través de la colaboración de terceros. Ejemplos: Google Ads (colaboración con bloggers), 99designs (colaboración con diseñadores gráficos), Kickstarter (colaboración entre inventores y compradores).

- **Marketing de afiliados:** en este modelo la compañía otorga comisiones a un afiliado cuando se vende un producto o servicio de forma online a través de un enlace promocionado por dicho afiliado. La compañía genera ingresos por las transacciones y se ahorra costos de personal de ventas dado que los afiliados realizan el marketing de sus productos sin cobrar sueldo. Ejemplos: Amazon Associates, Shopify Affiliate Program, ClickBank Affiliate Network.

- **Abiertos:** se centran en crear valor a través de colaboradores externos a la empresa. Ejemplos: LEGO Ideas (permite a sus clientes diseñar sus propios modelos de productos LEGO), Wikipedia (permite a los usuarios registrarse como editores y agregar o modificar contenido).

Otros elementos importantes que considerar

Como vimos en la sección previa, es importante tener claro el modelo de negocio de nuestras ideas principales, antes de escoger cuál de ellas implementar.

Por otra parte, hay elementos significativos que deben considerarse antes de iniciar un negocio. Revisemos algunos de ellos.

¿Presencia física o virtual?

Dependiendo del tipo de negocio, podremos optar por vender solamente en una tienda virtual u ofrecer nuestros servicios y productos en una tienda física, o ¿por qué no? en ambas.

Los productos digitales como libros electrónicos, música, audiolibros, video-cursos, video-streaming y similares, son ideales para venderse en una tienda virtual, al igual que productos físicos que no requieren de asesoría personalizada o que el cliente ya conoce y, por tanto, puede ordenar en línea fácilmente. Algunos ejemplos: productos para mascotas, artículos deportivos, ropa, bisutería, gafas, relojes, snacks, etc.

Los productos especializados que requieren de mucha asesoría o que necesitan un soporte técnico postventa son más apropiados para venderse en tiendas físicas, al igual que aquellos productos que tienen restricciones impuestas por el estado, así como los servicios que requieren de alta credibilidad. Ejemplos: productos de alta tecnología, maquinaria especializada, calzado ortopédico a medida, armas de alto calibre, servicios médicos, consultas psicológicas, etc.

Por supuesto, es recomendable aprovechar el potencial de Internet para potenciar una tienda física y atraer clientes a ella a través de una página web y del marketing en redes sociales. Pero ello no implica que necesariamente se deba vender los productos y servicios de la tienda desde la página web.

Revisemos algunos pros y contras de contar con una tienda virtual, además de una tienda física.

Ventajas de una tienda virtual

- **Bajo costo de implementación:** mientras montar una tienda física requiere de montos de inversión considerables para el pago de arriendo, servicios básicos, personal, etc., constituir una tienda virtual con capacidades de comercio electrónico usualmente cuesta unos pocos cientos de dólares.

- **Expansión de la marca a nivel nacional e internacional con poca inversión:** contar con una tienda virtual además de una tienda física, le permitirá llegar a mercados locales y extranjeros con mayor facilidad y poca inversión, dependiendo de sus productos/servicios.
- **Posibilidad de vender 7x24:** a diferencia de una tienda física que se rige por horarios de apertura y en la que hay que pagar sobretiempo a los empleados que laboren después de su jornada habitual, una tienda virtual puede vender las 24 horas del día, los 7 días de la semana durante todo el año, lo que podría resultar en un incremento en sus ventas.
- **Facilita las compras a los clientes fieles:** si alguien ha comprado ya en su tienda física y conoce sus productos, podrá comprarlos fácilmente desde su página web y recibirlos en la comodidad de su hogar, de forma ágil y sin tener que desplazarse para conseguirlos.
- **Brinda prestigio para la tienda física:** una página web bien diseñada y con servicios de comercio electrónico envía un mensaje de profesionalismo a sus clientes, quienes apreciarán el contar con otro canal para la compra de sus productos y servicios favoritos.
- **Permite promover una mayor variedad de productos:** en una tienda virtual no se tiene limitantes en cuanto al espacio disponible para mostrar los productos. En ocasiones debido a las limitaciones de espacio, los dueños de tiendas físicas deben rotar los productos que exhiben, manteniendo siempre algunos productos en la bodega y perdiendo así, ventas potenciales. Una tienda virtual le permitirá exhibir todos los productos de que disponga, potenciando así sus ventas.

Desventajas de una tienda virtual

- **Dificultad para brindar asesoría personalizada a los clientes:** cuando los productos y servicios que se venden en una tienda física requieren de la asesoría personalizada de un vendedor para que el cliente pueda adquirirlos, replicar esto en una tienda virtual se torna un desafío. Esto no significa que no sea posible, pero sí lo hace más difícil. Una forma innovadora en que los negocios virtuales están lidiando con esto es proveyendo chats de soporte

7x24 para que los clientes puedan consultar sus dudas con asesores en tiempo real. Mas, esto implica contratar teletrabajadores que trabajen por turnos para atender a los clientes. Otra opción aún no tan popular es el uso de chatbots para el servicio al cliente. Los chatbots son aplicaciones que usan inteligencia artificial para mantener una "conversación" con humanos a través del chat y proveer respuestas o atender pedidos, esta opción seguramente se volverá más popular con el pasar de los años y conforme mejoren los algoritmos de inteligencia artificial.

- **Competitividad por precio:** los clientes que compran productos y servicios en línea tienden a efectuar comparaciones de precios entre tiendas y comprar a quien vende más barato, lo cual pueden hacer en cuestión de unos pocos minutos y unos cuantos clicks. Por ello, deberemos estar preparados para competir por precios o bien ofrecer algún valor agregado que haga que los clientes prefieran nuestra tienda vs la competencia.

- **El stock de productos, las áreas de cobertura y los tiempos de entrega son factores importantes que deberán tomarse en cuenta:** cuando un cliente está físicamente en nuestra tienda es posible retenerlo y lograr que compre un producto similar al que busca si el requerido no se encuentra en stock o venderle el producto con el compromiso de entregarlo en x días. Empero, cuando un cliente descubre que no hay stock del producto que busca en nuestra tienda virtual, dejará nuestra página web y se irá a otra tienda que sí lo tenga en cuestión de segundos y así de fácil perderemos una venta. Por tanto, aquí se vuelve muy útil una rama de la administración de negocios denominada "control de operaciones" que nos ayudará en base al análisis del comportamiento histórico de los compradores a anticipar el stock que deberemos manejar para los productos estrella. De igual forma, conviene analizar concienzudamente las áreas geográficas en las que ofreceremos la entrega de productos físicos, decidir qué proveedores usar para manejar la entrega de los paquetes, determinar los tiempos de entrega y los cargos que haremos a los clientes por este rubro.

- **Necesidad de asesoría informática para elegir la plataforma de e-commerce apropiada:** si no conocemos de informática deberemos asesorarnos adecuadamente sobre los requerimientos técnicos para abrir una tienda de comercio electrónico con un profesional de sistemas que nos ayude a escoger una plataforma que sea fácil de usar, que acepte pagos en línea mediante tarjetas de crédito/débito y principales medios de pago electrónicos como Paypal, ClickBank, Google Wallet, Stripe, Payoneer, etc; pero que además le brinde seguridad a nuestros clientes y que no sea fácil de hackear.[xxiii]

¿Negocio de medio tiempo o completo?

Los aspirantes a emprendedores se hacen esta pregunta a menudo cuando están pensando seriamente en iniciar su primer negocio propio. Y la respuesta es: depende. No es broma, en realidad esta decisión depende de las circunstancias particulares del emprendedor y del tipo de negocio que se quiera arrancar. Haría mal en aconsejarle que deje su trabajo actual para dedicarse a tiempo completo a su nuevo emprendimiento, sin conocer antes su situación económica, ni sus habilidades, y sin haber leído su plan de negocios.

Aunque jamás me canse de pregonar lo satisfactorio que es emprender un negocio propio, hacerlo no es sencillo y los réditos rara vez llegan inmediatamente. Para ser exitoso, un nuevo negocio requiere - además de lo que ya hemos hablado en las secciones previas - de dedicación y paciencia por parte de sus socios fundadores.

Por tanto, si tiene usted seres queridos que dependen de sus ingresos para subsistir, le sugiero que evalúe la opción de iniciar su negocio a tiempo parcial y ya más adelante, cuando haya logrado el retorno esperado, podrá dejar sus otras actividades y dedicarse de lleno a su empresa.

Hay muchos negocios que pueden manejarse de este modo:
- Consultoría, soporte técnico, coaching y capacitación.
- Tiendas de comercio electrónico de todo tipo.
- Marketing de afiliados.
- Producción de video cursos y otros productos digitales como e-books, audiolibros, música, etc.

- Negocios de comida rápida.
- Tiendas de abarrotes y mini-markets.

Recuerde además que, si adquiere una franquicia, tiene la ventaja de poder replicar un modelo exitoso con empleados trabajando para usted, sin necesidad de estar al frente del negocio todo el tiempo. Pero una vez más, el que sea posible operar a tiempo parcial dependerá de su idea de negocios particular.

Si su idea de negocio requiere de su dedicación a tiempo completo, entonces le recomiendo que se provea de capital operativo suficiente para al menos el primer semestre, o mejor aún, para el primer año, y que cuente con ahorros personales para el mismo periodo de tiempo en caso de que fuese necesario que no se pague sueldo. Adicionalmente, es importante que prevea de antemano una estrategia de salida.

Una estrategia de salida es un plan que se pueda ejecutar, en el caso de que las cosas salgan mal y que no se obtenga los retornos esperados en el tiempo previsto o que se deba cerrar el negocio. Personalmente evito los pensamientos negativos y me niego a considerar el fracaso como una opción. Creo firmemente en esta frase de Tony Robbins: "el fracaso no existe, sólo los resultados".

Pero, tengo los pies sobre la tierra y sé por experiencia que en la práctica no todo sale como nos dice el plan de negocios y, por tanto, la posibilidad de tener un resultado negativo es real. Si eso ocurre, lo sabio será analizar las razones detrás del resultado negativo para aprender de la experiencia y no cometer los mismos errores en el futuro. Mas, mientras recuperamos fuerzas y reagrupamos tropas, es importante tener un as bajo la manga que nos permita salir - si no ilesos - al menos sin heridas graves, del campo de batalla.

Estos son algunos elementos que pueden formar parte de una estrategia de salida:
- Asesorarnos con un abogado sobre las leyes de bancarrota en el país en donde operará la empresa.
- Identificar los activos que podrían rematarse en caso de liquidar la empresa y los posibles compradores a los que podríamos

ofrecerlos.

- Identificar las patentes que posea la empresa que estaríamos dispuestos a ceder en caso de bancarrota, su valor comercial y posibles compradores.
- Calcular el flujo de caja mínimo con que deberá contar la empresa para poder liquidar los haberes del personal en caso de quiebra.
- Averiguar si existen aseguradoras que provean seguros de bancarrota en el país en que operará el emprendimiento y sus costos en base al monto de deuda contraída para la puesta en marcha de la empresa.
- Identificar de antemano posibles fuentes de ingresos adicionales que nos permitan subsistir si tuviésemos que dejar de pagarnos sueldo.
- Hay que recordar que declararse en bancarrota y liquidar la empresa debe ser la última opción. Existen otras alternativas, estas son algunas: vender toda la empresa o parte de ella a otra organización, convertir en accionistas a sus empleados, ceder parte de las acciones y control de la empresa haciéndola pública en el mercado de valores.

¿Asociarse o iniciar el negocio solo?

Dependiendo del tipo de negocio, puede que sea factible iniciar su empresa como único accionista y representante legal.

La consultoría, la fotografía, el diseño gráfico y otras profesiones como la medicina, la abogacía, etc., se prestan para el ejercicio profesional independiente. No obstante, no hay nada que impida que dos o más profesionales afines se asocien y monten una empresa exitosa.

Los cibercafés, las tiendas de abastos, las carretas de comida rápida, las cafeterías, bazares y otros negocios pequeños también son a menudo iniciativas que pueden muy bien ser iniciadas por una sola persona.

Sin embargo, es importante acotar que no es imprescindible que se trate de un negocio grande o millonario para que dos o más personas se asocien con un fin común pues hay muchas pequeñas y medianas empresas constituidas por dos o más accionistas.

Asociarse con alguien tiene sus ventajas y desventajas. Dice un adagio que "la unión hace la fuerza" y que "dos cabezas piensan mejor que una". Contar con uno o más asociados de negocios puede traer como ventaja complementar las debilidades de uno con las fortalezas del otro. Pese a ello, tener socios también entraña dificultades para llegar a acuerdos, definir estrategias y fijar objetivos en común.

Debido a lo anterior, es importantísimo escoger bien al o los socios antes de iniciar la empresa. No basta con que uno tenga el know-how y los otros el dinero, los contactos o las habilidades de ventas. Es vital que los futuros socios compartan valores y estén de acuerdo en la misión y visión de la empresa, porque de lo contrario podrían enfrentar fuertes desacuerdos a futuro que podrían comprometer la estabilidad del negocio.

Esto no asegura que, inclusive compartiendo valores, la misión y la visión del negocio, no puedan darse desacuerdos entre los asociados de negocios durante la vida de la empresa. Pensar que siempre se va a estar de acuerdo en todo con los socios es por demás ingenuo. Pero si se parte de valores y metas afines, será posible llegar a acuerdos por el bien común.

Dependiendo de nuestra elección será el tipo de empresa que constituiremos, tema del que hablaremos en detalle en el capítulo 5.

Ejemplo de modelo de negocio

Bien, ahora que ya tenemos claro en qué consiste un modelo de negocio y que hemos cubierto otros elementos importantes que se deben considerar, vamos a realizar un ejemplo paso a paso de cómo llenar el lienzo Canvas con una idea de negocio ficticia.

- **Idea de negocio ejemplo:** tienda física para la venta de productos saludables y accesorios seguros para mascotas.

Antes de empezar debo aclararle al lector que no soy experta en el tema de productos y accesorios de mascotas, así que este es un ejemplo sólo para ilustrar cómo completar un lienzo Canvas.

LIENZO CANVAS PARA LA IDEA DE NEGOCIO

Para llenar nuestro lienzo empezaremos por definir nuestro mercado objetivo.

1) SEGMENTOS DE CLIENTES

En base a la descripción de la idea de negocios ejemplo, el público objetivo serán los dueños de mascotas preocupados por su salud y seguridad.

El lienzo Canvas solicita agregar en esta sección quiénes podrían ser los adoptadores tempranos (early adopters) de los productos.

Aunque responder a esta pregunta requiere que efectuemos un análisis más profundo del mercado objetivo, para efectos del ejemplo vamos a decir que un posible perfil de un adoptador temprano sería:

- Personas entre 30-55 años preocupadas por su propia salud y por la de sus mascotas. Estas personas se inclinan por productos que contengan componentes naturales de alta calidad y están dispuestas a pagar un precio más alto por ellos. Además, quieren accesorios, premios y juguetes que sean seguros para sus mascotas y que no vayan a causarles daño.

- Adicional a lo anterior, dado que en el ejemplo hablamos de una tienda física, deberemos acotar el público a la zona geográfica pertinente.

2) PROPUESTA DE VALOR

Para definir la propuesta de valor debemos pensar primero en cuáles son los problemas o necesidades de los clientes que pensamos satisfacer con la idea de negocio.

2.1) NECESIDAD (PROBLEMA)

En este caso puntual los dueños de mascotas desean alimentarlos de forma fácil - sin tener que prepararles comida especial en casa - usando pienso listo para servir (croquetas o pepitas), pero están preocupados de que los piensos que se encuentran en las tiendas departamentales o comisariatos son de baja calidad, tienen muchos componentes de relleno y menor porcentaje proteínico del recomendado por los veterinarios.

Además, muchos de los juguetes para mascotas que ofrecen las tiendas departamentales son importados desde países en donde no tienen buenas regulaciones sanitarias y contienen pintura con componentes tóxicos.

Por si esto fuera poco, accesorios como collares para identificación comunes pueden engancharse en rejas u otros elementos de la casa o el patio y provocar el estrangulamiento de la mascota, mientras que los collares seguros ceden y se abren solos cuando se les aplica mucha fuerza, evitando así la asfixia de caninos y felinos.

2.2) PROPUESTA DE VALOR ÚNICA

Proveer productos alimenticios para mascotas nutritivos, naturales y de alta calidad, fáciles de servir y almacenar, y brindar accesorios y juguetes seguros, que no constituyan un peligro para la salud de las mascotas.

3) RELACIÓN CON LOS CLIENTES

Dado que se trata de una tienda física, los clientes acudirán presencialmente a la tienda para comprar los productos, en donde recibirán asesoría especializada sobre qué alimentos, premios, juguetes o accesorios son los más adecuados para su mascota de acuerdo con la raza, tamaño, edad y condiciones especiales de salud.

Como parte de una campaña de fidelización se les preguntará a los clientes si desean recibir información en su correo electrónico cuando realicen su primera compra y quienes acepten serán agregados a una lista de correos.

Se creará una página web informativa de los productos, con un blog en donde se publique frecuentemente artículos acerca del cuidado de las mascotas y con la opción de suscribirse. Los internautas que se suscriban serán agregados a la lista de correos.

Se remitirán correos de forma semanal a los miembros de la lista de subscriptores con enlaces a los nuevos artículos publicados en el blog y ocasionalmente se enviará publicidad con promociones o descuentos especiales.

La página web incluirá un formulario de contacto para que los clientes se comuniquen con la tienda y soliciten información. En una segunda fase se agregará una opción de chat en vivo.

En una tercera fase se ofrecerá el servicio de venta de productos en línea con entrega a domicilio dentro del país y si se tiene éxito se considerará vender a mercados internacionales a futuro.

4) CANALES
Se prevé iniciar con un punto de venta propio ubicado en un sector residencial de clase media-alta de la ciudad y continuar a mediano plazo con la apertura de puntos de ventas adicionales en otros sectores similares de la ciudad y del país, así como ofrecer la opción de venta de productos en línea con entrega a domicilio.

Se dispondrá de asistencia telefónica y vía correo electrónico para resolver las consultas o quejas de los clientes.

5) FUENTES DE INGRESOS
El negocio generará ingresos a partir de la venta de productos (comida, premios, accesorios y juguetes) y del servicio de baño y peluquería.

Será posible generar ingresos adicionales través de la participación y auspicio de eventos relacionados y el dictado ocasional de talleres sobre el cuidado de mascotas.

A mediano plazo se compilarán y ampliarán los artículos más interesantes del blog para producir e-books y audiolibros que se venderán a través de la página web de la tienda y de sitios como Amazon, Barnes&Noble, Kobo, Scribd, Audible, etc.

6) RECURSOS CLAVE

- Cada tienda requerirá 1 Supervisor (Caja y Ventas), 0-2 Asesor(es) de Ventas y 1-2 Peluquero(s) de mascotas.
- Firma de convenios para la reventa de productos de las mejores marcas de productos saludables y seguros para mascotas.
- Permisos de importación de productos alimenticios, accesorios y juguetes para mascotas.
- Perchas para almacenamiento y vitrinas de exhibición de productos.
- Área dentro del local adecuada para el baño y peluquería de mascotas.
- Maquinaria para peluquería de mascotas.
- Mobiliario para el área administrativa y para la sala de espera de los clientes de baño y peluquería.
- Alojamiento para la página web y servicio de correo electrónico.
- Servicio de diseño web, tarjetas de presentación, volantes, letreros y demás material promocional.
- Seguro contra robo y otros siniestros.
- Monto de inversión inicial (año cero) y capital operativo para el 1er año.

7) ACTIVIDADES CLAVE

- Importación de productos para mascotas
- Control de inventario y rotación de productos
- Marketing de productos y servicios
- Asesoría y venta personalizada de los productos
- Entrenamiento especializado para el personal de ventas y peluquería

8) SOCIOS CLAVE

- Proveedores de piensos y premios para mascotas de alta calidad.
- Proveedores de accesorios y juguetes seguros para mascotas.
- Organizadores de eventos relacionados con mascotas.

9) ESTRUCTURA DE COSTOS

- Costos de los productos
- Sueldos del personal

- Arriendo de los locales
- Servicios básicos
- Alojamiento de la página web y servicio de correo electrónico
- Pólizas de seguros
- Costos de envío a domicilio de productos
- Costos de transporte de mascotas del servicio de peluquería (en una segunda fase)
- Mantenimiento del blog y la página web
- Costos de marketing y publicidad

Ejercicio: modelando nuestras ideas de negocios

Bueno, ha llegado el momento de probar qué tan comprometido se encuentra usted con su deseo de iniciar su propio negocio.

Ahora que ha generado ya varias ideas de negocios, ha efectuado una valoración a priori de las mismas y posee las nociones sobre cómo definir el modelo de un negocio, lo invito a tomar 2 de sus ideas, las que considere que tienen mayor potencial y llene el lienzo Canvas para cada una de ellas.

Sé que sueno cansina, pero es importante que se tome el tiempo necesario para realizar este ejercicio antes de pasar al siguiente capítulo.

Llenarlo lo ayudará a ganar perspectiva sobre su emprendimiento y lo obligará a hacerse preguntas que quizás antes no se había planteado. Si resulta que hay aspectos de una idea de negocio que no le agradan, será mejor descubrirlo ahora y no cuando ya haya invertido mucho tiempo y dinero en la puesta en marcha de la misma.

"Ser un emprendedor es vivir unos pocos años de tu vida como nadie quiere, de tal forma que puedas disfrutar del resto de tu vida como nadie puede." Anónimo.

Capítulo 4: ¡Muéstrame el dinero!

Calculando el presupuesto inicial

Quizás este es uno de los pasos más importantes en todo proyecto y a la vez uno de los más complejos: determinar el monto de inversión requerido para poder iniciar.

Dependiendo del sector, de su modelo de negocio particular, de si su proyecto requiere invertir en investigación y desarrollo, de sus costos operativos, e inclusive del país en donde decida iniciar su empresa, el capital requerido para arrancar puede ir desde unos pocos cientos de dólares hasta millones inclusive.

De acuerdo con el Reporte Especial GEM Ecuador 2015 sobre Financiamiento para Emprendedores (Lasio & Zambrano, 2016)[xxiv], el monto requerido de inversión para iniciar un negocio (mediana en USD) en Latinoamérica y el Caribe es de $2,600; mientras que en África es de $4,900, en Europa de $17,200, en Asia y Oceanía de $15,200 y en América del Norte de $18,500.

Pero, hay una variación considerable en los montos de inversión inicial por país en Latinoamérica, tal y como se observa en la Ilustración 11.

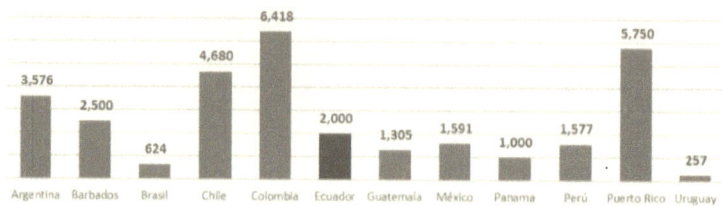

Ilustración 11 - Montos para iniciar un negocio en Latinoamérica

Fuente: Lasio, V., & Zambrano, J. (2016, diciembre). Figura 1. Monto requerido para iniciar un negocio (mediana USD) en América Latina y El Caribe [Digital image]. Recuperado, 2018, desde http://espae.espol.edu.ec/wp-content/uploads/2017/11/financiamientopara_emprendedor.pdf

Independientemente de lo que digan las estadísticas, le aconsejo tomar en cuenta los gastos descritos a continuación para el cálculo del presupuesto inicial, porque de lo contrario podría encontrarse en la penosa situación de quedarse sin el dinero necesario para continuar las operaciones de su nueva empresa.

- **Gastos de pre-lanzamiento:** como los gastos de investigación y desarrollo, creación de prototipos, investigación de mercado y similares.
- **Gastos de constitución de la empresa:** como el valor mínimo requerido de capital social, las tasas de inscripción de la empresa, costos de abogados, valores de permisos, licencias, etc.
- **Inversión inicial:** se refiere a la suma de todo lo que sea necesario para poner en marcha el negocio como la adquisición de maquinaria, equipos de cómputo, materia prima, inventario, accesorios, mobiliario, costos de arriendo, etc.
- **Gastos operativos:** incluyen los gastos fijos y variables en que la empresa deberá incurrir para la operación de la misma, aun cuando no se venda. La recomendación general es reservar un monto que permita cubrir al menos 6 meses de gastos operativos, pero esto depende del tipo de negocio.

Adicionalmente, es recomendable elaborar un flujo de caja para pronosticar los ingresos y egresos del proyecto y en base a ello determinar si la idea de negocio tiene o no el potencial para ser rentable.

Ejemplo de cálculo del presupuesto inicial

Vamos a tomar como ejemplo la tienda física para la venta de productos saludables y accesorios seguros para mascotas de la que hablamos en el capítulo previo.

El primer paso será clasificar los gastos. Los siguientes son gastos que hemos calculado para abrir una tienda.

Gastos de pre-lanzamiento	Valor (USD)
Investigación de mercado básica	$ 2,500.00
Subtotal:	$ 2,500.00

Tabla 1 - Gastos de pre-lanzamiento

Gastos de constitución	Valor (USD)	
Capital social	$ 800.00	[1]
Tasa de constitución	$ 365.94	[2]
Tasa notarial de inscripción	$ 116.82	[3]
Certificado emitido por Cuerpo de Bomberos	$ 60.00	[4]
Tasas municipales (consulta de uso de suelo + patente)	$ 47.79	[5]
Subtotal:	$ 1,390.55	

Tabla 2 - Gastos de constitución

Inversión inicial	Valor (USD)
Perchas y vitrinas de exhibición	$ 500.00
Depósito del contrato de arrendamiento	$ 2,000.00
Adecuación de área para baño y peluquería	$ 1,500.00
Maquinaria de peluquería	$ 700.00
Mobiliario	$ 1,000.00
Nombre de dominio y servicio de hosting y correo web (por 1 año)	$ 100.00
Diseño de website	$ 800.00
Diseño de material estacionario de marketing	$ 500.00
Impresión de material promocional	$ 500.00
Seguro anual	$ 700.00
Inventario inicial (croquetas, premios, accesorios y juguetes)	$ 3,000.00
Subtotal:	$ 11,300.00

Tabla 3 - Inversión inicial

Gastos operativos	Valor (USD)	
Arriendo mensual	$ 1,000.00	
Sueldo mensual de empleados (supervisor y peluquero)	$ 1,000.00	[6]
Seguro social de empleados (supervisor y peluquero)	$ 111.50	[7]
Servicios básicos mensuales (agua, luz, teléfono, Internet)	$ 200.00	
Subtotal:	$ 2,311.50	

Tabla 4 - Gastos operativos

Presupuesto inicial	Valor (USD)
Gastos de pre-lanzamiento	$ 2,500.00
Gastos de constitución	$ 1,390.55
Inversión inicial	$ 11,300.00
Provisión de gastos operativos por 6 meses	$ 13,869.00
Total:	$ 29,059.55

Tabla 5 - Presupuesto inicial

Notas:

Dado que en el ejemplo dijimos que la tienda iba a estar ubicada físicamente en la ciudad de Guayaquil, los valores estimados están acorde a la realidad de dicha ciudad.

[1]: El ejemplo toma montos mínimos requeridos en Ecuador por la Superintendencia de Compañías. El lector debe investigar con la entidad competente cuáles son los valores adecuados para su país.

[2]: En Ecuador se puede realizar la inscripción de una compañía de forma online y no se requiere abogados. Las tasas varían de acuerdo al capital social.

[3]: Tasa notarial en Ecuador para un contrato de constitución de sociedades con un capital social de $800.

[4]: Notarización de documento y tasa.

[5]: Costos de uso de suelo y patente municipal en Guayaquil para establecimientos que comercializan productos veterinarios a la fecha de publicación de esta obra. Otros tipos de establecimientos pueden requerir certificados adicionales para obtener la patente y tener tasas diferentes.

[6]: En Ecuador a esto deberíamos agregarle los beneficios que otorga la ley como los bonos especiales llamados décimos. Por facilidad del cálculo los hemos omitido.

[7]: En Ecuador en el sector privado el empleador aporta 11.5% del sueldo al seguro social y el empleado 9.45%.

Como se puede observar en la Tabla 5, el presupuesto inicial total es de: **$29,059.55 USD.**

Con este ejemplo hemos ilustrado algunos de los gastos que podrían formar parte de un presupuesto inicial. Pero es muy importante que se tome usted el tiempo necesario para determinar cuáles son los rubros adecuados para su idea de negocios particular y eso es exactamente lo que hará en el siguiente ejercicio.

¡Vamos! Deje la pereza y las excusas de lado y dé un paso más hacia su sueño de iniciar su propio negocio.

Ejercicio: cálculo del presupuesto inicial

Permítame felicitarlo nuevamente por tomarse en serio su sueño de montar su negocio propio. Sé que podría estar haciendo cualquier otra cosa más divertida en este momento que leer un libro sobre emprendimiento. Que haya llegado hasta esta sección demuestra que su deseo de emprender es ferviente.

Así que bien, ahora es su turno de calcular el presupuesto inicial para su idea de negocios.

Tome al menos una de las dos ideas de negocio para las que elaboró el modelo de rentabilidad en el capítulo previo y calcule el presupuesto inicial.

Le sugiero usar un programa de hoja de cálculo para que se le facilite sumar los gastos.

Tips:
- Averigüe en Internet cuál es la institución en su país que regula la inscripción de nuevas empresas.
- Visite el sitio web de dicha institución y busque información acerca de los requisitos para inscribir una nueva empresa.
- Consulte con su municipio las disposiciones para obtener permisos de funcionamiento (patentes) según su tipo de negocio.
- Verifique si su tipo de negocio requiere cumplir con regulaciones sanitarias especiales o de seguridad industrial.
- Analice si requiere pagar por patentes o licencias para operar su negocio.
- Consulte el código laboral de su país e investigue si existen seguros obligatorios u otros beneficios que deba dar a sus empleados.

"Los ganadores hacen lo que los perdedores no quieren hacer." (Gary Busey).

Administrando su flujo de caja

La administración del flujo de caja de su empresa debe ser impecable, o de lo contrario tendrá inconvenientes aun cuando su empresa venda mucho y sea rentable. Y es que, como descubrirá el lector dentro de poco, el flujo de caja y la rentabilidad no son lo mismo.

De hecho, una empresa podría ser muy rentable, pero tener graves problemas de flujo de caja. ¿Pero cómo es esto posible?

Empecemos por definir de forma sencilla qué es un flujo de caja.

Flujo de caja: también llamado flujo de efectivo (en inglés el término utilizado es cashflow), se refiere a la cantidad de "activos de efectivo" que una empresa tiene disponibles. Y los activos de efectivo incluyen entre otros, el dinero en caja más el que está en los bancos.

Dicho esto, una fórmula simplificada para calcular el flujo de caja sería:

flujo de caja = activos de efectivo + ingresos - egresos

En donde los ingresos constituyen los valores que entran a la empresa por concepto de ventas, réditos de inversiones, etc. Y los egresos comprenden los valores que salen de la empresa como los gastos fijos y variables, los impuestos, pagos de intereses, etc.

Por otro lado, la rentabilidad tiene que ver con la diferencia entre los ingresos y los gastos. Y en efecto un negocio puede ser rentable y tener un valor positivo entre ingresos menos gastos, pero si resulta que los clientes pagan a 30, 60 o 90 días, entonces el efectivo disponible podría no ser suficiente para cubrir los gastos operativos.

Si esto ocurriese, podría usted enfrentarse a la dura decisión de conseguir un préstamo para continuar operando o bien, cerrar la empresa.

De ahí la importancia de prestar atención al flujo de caja y estimar bien las proyecciones de ventas y tener claro el impacto de las modalidades de pago que aceptemos de nuestros clientes.

Ejemplo de flujo de caja

La Tabla 6 muestra el flujo de caja de una pequeña empresa (negocio ficticio) para sus primeros 5 años operación. Las ventas se han proyectado en base a los resultados del estudio de mercado.

Para los cálculos hemos usado la fórmula que vimos en la sección previa.

flujo de caja = activos de efectivo + ingresos - egresos

FLUJO DE CAJA DEL PROYECTO						
	AÑO 0	AÑO 1	AÑO 2	AÑO 3	AÑO 4	AÑO 5
Ingresos Operativos						
Ventas		40,000.00	44,000.00	48,400.00	53,240.00	58,564.00
Total de Ingresos Oper.		**40,000.00**	**44,000.00**	**48,400.00**	**53,240.00**	**58,564.00**
Egresos Operativos						
Remuneraciones		12,000.00	12,000.00	12,000.00	12,000.00	12,000.00
Gastos operativos		12,000.00	15,400.00	16,940.00	18,634.00	20,497.40
Otros gastos		1,500.00	1,500.00	1,500.00	1,500.00	1,500.00
Total de Egresos Oper.		**25,500.00**	**28,900.00**	**30,440.00**	**32,134.00**	**33,997.40**
Egresos No Operativos						
Costos pre-lanzamiento	2,000.00					0.00
Gastos de constitución	1,200.00					
Provisión de gastos operativos	6,000.00					
Inversión Inicial	8,000.00					
Total de Egresos No Oper.	**17,200.00**	**0.00**	**0.00**	**0.00**	**0.00**	**0.00**
Total Egresos	**17,200.00**	**25,500.00**	**28,900.00**	**30,440.00**	**32,134.00**	**33,997.40**
FLUJO NETO DE EFECTIVO	**-$ 17,200.00**	**14,500.00**	**15,100.00**	**17,960.00**	**21,106.00**	**24,566.60**

Tabla 6 - Flujo de caja del proyecto a 5 años

Como podemos observar en la Tabla 6, las proyecciones prevén un flujo de caja positivo desde el año 1. Adicionalmente, notamos que se lograría recuperar el presupuesto inicial ($17,200) en el año 2.

Por ende, con base en la definición económica, este negocio ficticio es potencialmente rentable. Pero en la práctica, será el emprendedor quien decida si el negocio es o no lucrativo para sus aspiraciones.

Existen diversos indicadores y variables económicas que pueden usarse para ayudar al emprendedor en la toma de decisiones y definitivamente hay muchos más componentes que se pueden revisar dentro de las finanzas corporativas, pero considero que este modesto ejemplo lo ayudará a determinar la viabilidad de su idea de negocios de forma sencilla.

Ejercicio: ¿es rentable mi idea de negocio?

Para responder esta pregunta debe usted calcular el flujo de caja de su idea de negocio con mayor potencial para ser rentable.

Si ha realizado los ejercicios previos ya debería tener casi toda la información requerida.

Sin embargo, es probable que le falten datos acerca de las proyecciones de ventas, puesto que en el capítulo 2 realizamos una investigación de mercado bastante simple.

Tranquilo, no se estrese. No voy a pedirle que salga a gastarse $2500 o más en una investigación de mercado formal. Bueno, al menos no aún.

Lo que sí le voy a pedir es que averigüe el valor promedio de ventas anuales de los negocios de su sector y que lo use como base para sus proyecciones de ventas.

¿Que dónde puede obtener este valor? Mi mejor respuesta - dado que no sé en qué país se encuentra usted - es que acuda a la institución del estado que se encargue de manejar los estudios estadísticos económicos. Como ya mencioné previamente, en mi país esta función la realiza el Instituto Nacional de Estadísticas y Censos (INEC).

Si en su país no existe una institución similar al INEC, estas son algunas sugerencias de entidades que podrían conducir estudios sectoriales:

- Ministerios de Industria y Comercio
- Cámaras de Industria y Comercio
- Entes reguladores para la creación de empresas
- Escuelas de Negocios
- ONG's de apoyo al emprendedor

¿Qué espera? ¡Manos a la obra!

"El esfuerzo es la madre de todos los logros." (Anónimo).

Capítulo 5: Del sueño a la realidad

Cómo conseguir los fondos necesarios para arrancar

Seguro el lector puede imaginar al menos tres posibles fuentes de capital para iniciar su negocio:

- Fondos propios
- Préstamos de familiares y amigos
- Préstamos de entidades financieras

No obstante, existen otras fuentes desde donde se puede obtener capital para iniciar una empresa como:

- Socios capitalistas
- Fondos semilla
- Incubadoras de empresas
- Inversionistas ángeles (business angels)
- Inversores de riesgo (venture capitalists)
- Trueque de servicios o productos (bartering)

Fondos propios

Definitivamente esta es la mejor fuente de financiamiento cuando la misma existe. Si el dueño del negocio cuenta con el capital requerido para la inversión inicial y para mantener la operación del negocio hasta que el mismo sea rentable, ¡enhorabuena!

Usar los ahorros para arrancar un negocio tiene la ventaja de no tener que esperar por préstamos y no tener que ceder acciones de la empresa, ni el control de esta a otras entidades o personas. Pero, usar fondos propios también tiene desventajas, si el negocio fracasa, la pérdida será totalmente nuestra también.

Préstamos de familiares y amigos

Los familiares y amigos cercanos pueden ser una opción viable para obtener los fondos necesarios para arrancar nuestro emprendimiento.

Los préstamos de familiares y amigos tienen la ventaja adicional de que no suelen incluir pago de intereses y, dependiendo del caso, el plazo puede ser bastante cómodo.

Sin embargo, es importante que el emprendedor se tome muy en serio el compromiso de pago, tal y como si fuese con una entidad financiera, y que esté dispuesto a cubrir el préstamo con sus fondos propios si la idea de negocios fracasare, porque no hay nada peor que enemistarse con los amigos o la familia por temas financieros.

Préstamos de entidades financieras

Las entidades financieras como bancos y cooperativas de ahorro y crédito cuentan entre sus productos con créditos productivos a tasas de interés que pueden ser o no atractivas, dependiendo de las regulaciones de cada país y de la entidad financiera en sí.

Los créditos de entidades financieras pueden ser la única opción viable para algunos emprendedores, pero no suelen ser la mejor opción en términos económicos. En todo caso, conviene que el emprendedor analice las opciones de créditos productivos existentes en su mercado y que las compare con otras posibles fuentes de financiamiento antes de tomar una decisión.

Socios capitalistas

Contar con uno o varios socios para montar una empresa puede tener muchas ventajas, lo que me trae a la mente la canción Opportunity del conocido grupo de pop británico, Pet Shop Boys... "I've got the brains, you've got the looks, let's make lots of money" (traducción: yo tengo el cerebro, tú tienes la imagen, hagamos mucho dinero).

No hay reglas escritas sobre cómo deben repartirse las acciones en una empresa, básicamente es un acuerdo al que llegan los socios de esta. Por tanto, no hay nada que impida que sea un socio el que ponga el capital y el otro el conocimiento y que se repartan las acciones a partes iguales. Pero como en toda sociedad, es muy importante que queden claramente definidos los roles que cada socio tendrá en la empresa, que definan de antemano sus expectativas y que tengan una visión común del negocio.

Fondos semilla

El capital semilla consiste en fondos no reembolsables para el establecimiento inicial de un emprendimiento. Este capital es usualmente concedido por el gobierno o por organizaciones sin fines de lucro (ONG's), que buscan fomentar la actividad emprendedora en un país.

Si bien conseguir capital semilla suena fantástico, acceder al mismo no es fácil. De hecho, los fondos semilla suelen ser escasos y concursables, lo que quiere decir que se requiere inscribir un plan de negocios y que el emprendimiento debe ser - además de rentable - en un área de interés para la organización anfitriona.

Las cámaras y los ministerios de comercio y las escuelas de negocios son usualmente buenos puntos de partida a la hora de buscar información referente a dónde conseguir capital semilla.

Incubadoras de empresas

Las incubadoras de empresas son entidades que se encargan de analizar la viabilidad técnica y económica de un emprendimiento y que además ofrecen a los nuevos emprendedores servicios como asesoría legal, espacio físico, acceso a Internet y telefonía, asesoría en marketing y ventas, y en ocasiones, inclusive capital semilla.

Hay incubadoras pertenecientes al estado o a ONG's que brindan estos servicios de forma gratuita y otras que lo hacen por un porcentaje accionario del negocio.

El lector puede efectuar una búsqueda en Internet por incubadoras de empresas en su país o acudir a entidades que brindan información gratuita sobre este y otros tópicos relacionados (ejemplo: cámaras de comercio, ministerios, escuelas de negocios, etc.).

Inversionistas ángeles vs inversores de riesgo

Los inversionistas ángeles suelen ser personas naturales - aunque también puede tratarse de grupos - que invierten capital en empresas nacientes o que están aún en desarrollo. Su inversión la hacen a cambio de acciones de la empresa, esperando un retorno de inversión alto y, dado que usualmente son emprendedores con amplia experiencia en la creación y manejo de empresas, suelen involucrarse también en el negocio, aportando con su conocimiento además de su dinero.

Si bien lo anterior podría aplicarse también a los inversores de riesgo, hay varias diferencias entre ellos.

Para empezar, un ángel usa su propio dinero para invertir, mientras que un inversor de capital de riesgo invierte el dinero de terceros (los miembros del fondo).

Otra diferencia marcada tiene que ver con los montos de inversión. Mientras un inversionista ángel podría aportar montos "pequeños", es decir desde unos módicos US$20,000 hasta quizás medio millón o un millón de dólares si se tratase de ángeles agrupados, un fondo de inversión de riesgo rara vez invierte menos de medio millón en un emprendimiento y sus aportes a un proyecto suelen ser de varios millones de dólares.

Debido a lo anterior, mientras un inversor ángel podría aportar a cualquier proyecto que le resulte atractivo sin importar el tipo de empresa, los inversores de riesgo suelen concentrarse en empresas en sectores con alto potencial de crecimiento y no tanto en fases iniciales, sino en etapa de desarrollo.

Indistintamente de si queremos atraer inversores ángeles o de riesgo, contar con un plan de negocios bien diseñado será vital en estos casos.

Trueque de servicios o productos

El trueque de servicios o productos por capital para iniciar un negocio es factible en algunos casos específicos, usualmente cuando se trata de un bien o servicio altamente requerido por un cliente dispuesto a capitalizar a su proveedor con la promesa de obtener toda la producción - en el caso de productos - o exclusividad, si se trata de servicios.

Un ejemplo lo vemos en el sector cacaotero, en el cual las industrias que crean chocolate suelen inclusive buscar agricultores dispuestos a sembrar cacao, agruparlos en comunas y brindarles capacitación y capital de trabajo con el compromiso de recibir toda su producción.

Otros tipos de trueques que pueden ayudar a solventar parte del capital requerido para iniciar una empresa incluyen el trueque de productos o servicios a cambio de espacio físico, asesoría legal, asesoría tributaria, etc.

Constituyendo el negocio

El procedimiento para dar vida legalmente a una empresa varía de un país a otro y depende del tipo de estructura jurídica, pero a grandes rasgos puede requerir lo siguiente:

1. Decidir si asociarse o iniciar el negocio solo
2. Escoger el tipo de empresa
3. Escoger el nombre del negocio y reservarlo en la entidad competente
4. Elaborar los estatutos de la empresa
5. Abrir una cuenta en una entidad financiera
6. Efectuar el registro público de la empresa
7. Aprobar los estatutos
8. Publicar en un diario el registro de la compañía
9. Inscribir la compañía en la entidad competente
10. Designar al representante legal y al administrador de la empresa
11. Obtener el número de identificación para el pago de impuestos
12. Obtener los permisos requeridos por autoridades y otras entidades locales

Puede que en su país el procedimiento sea más ágil y requiera menos pasos, o que inclusive todo pueda llevarse a cabo en línea sin necesidad de un abogado, eso es algo que puede usted averiguar acudiendo a la entidad competente en su país o buscando información en Internet. Pero sin importar el país deberá ejecutar los pasos 1 a 3.

El punto 1 (¿asociarse o iniciar el negocio solo?) lo cubrimos en el capítulo 3.

Sobre el punto 3 una breve acotación, las empresas con nombres cortos y fáciles de pronunciar y cuyo nombre está asociado con su giro de negocio tienen más posibilidades de ser recordadas por sus clientes, aunque por supuesto siempre hay excepciones.

Les menciono esto porque he vivido las consecuencias de usar nombres poco comunes en dos empresas (Inmobiliaria Nelros y Elixircorp). Aparte de que nos costó mucho posicionar los nombres en la mente de los clientes, hasta el día de hoy tanto clientes como proveedores tienen problemas para escribirlos correctamente, lo que resulta en facturas incorrectas, cheques devueltos, correos rebotados, etc. Pero de la experiencia se aprende y por ejemplo, cuando montamos la empresa constructora usamos como razón social Construpower, nombre corto, fácil de recordar y escribir, pero sobre todo relacionado con el giro del negocio.

Finalmente, pasemos a revisar el punto 2.

Escogiendo el tipo de empresa

Los nombres pueden variar de país en país y puede que haya más de cuatro tipos que los aquí descritos, pero de forma general y según su forma jurídica las empresas pueden ser:

- Unipersonales
- De asociación simple
- De responsabilidad limitada
- Sociedades Anónimas, también llamadas Corporaciones

Negocios unipersonales

Como su nombre sugiere, este tipo de negocios tienen un solo propietario y normalmente no constituyen una entidad jurídica, sino que se refieren a una persona natural responsable por la operación del negocio.

Usualmente, la persona natural debe acercarse al Servicio de Rentas Internas (SRI) para obtener un identificador para el pago de impuestos e inclusive puede registrar un nombre comercial para su negocio. Ese nombre comercial no constituye una entidad jurídica independiente del propietario, sino simplemente un nombre ficticio como, por ejemplo: "Nelson's Spa".

Esta estructura es muy popular entre los profesionales independientes y propietarios de pequeños negocios por la facilidad y rapidez con la que puede constituirse y el bajo costo asociado al registro.

No obstante, una gran desventaja es que, dado que no existe una entidad jurídica separada para el negocio, si se adquieren deudas para la puesta en marcha u operación de este y el negocio no es rentable, su dueño es el responsable ante los acreedores y, por tanto, puede ser llevado a juicio y - si así lo dictaminare un juez - inclusive sus propiedades podrían ser embargadas para cubrir dichas deudas.

Negocios de asociación simple

La asociación simple se da cuando dos o más personas se unen para efectuar negocios con aras a obtener un beneficio económico. Dependiendo de la legislación de cada país, puede que no sea necesario un acuerdo escrito para que se forme una asociación simple. En muchos países un acuerdo verbal es válido, mientras haya pruebas o testigos de que ocurrió en efecto una asociación.

Pese a ello, siempre es preferible contar con un acuerdo legal antes de iniciar un negocio de asociación simple, para dejar claras las responsabilidades y beneficios de cada parte. Una vez más, según el país, puede que se requiera o no un abogado para redactar el acuerdo y que baste con inscribirlo con un notario para que tenga validez jurídica.

Las ventajas son las mismas de los negocios unipersonales, simplicidad, rapidez y bajo costo inicial, sumado al hecho de unir fuerzas por un interés común y que este tipo de negocios no requieren llevar a cabo reuniones formales de directorio anuales. Y las desventajas son similares, puesto que los asociados son responsables directos de las deudas adquiridas para la operación del negocio.

Empresas de responsabilidad limitada

Este tipo de negocios requieren llevar a cabo la constitución formal de un ente jurídico ante el estado que pueda operar bajo un nombre propio - la llamada razón social - y que tenga asociado su propio identificador para el pago de impuestos.

El proceso de constitución de una empresa de responsabilidad limitada puede ser más o menos engorroso dependiendo del país y requiere un mínimo de dos socios.

Entre sus ventajas tenemos que, al ser un ente jurídico independiente, los bienes personales de sus socios están protegidos de las deudas del negocio y ante posibles demandas legales contra la empresa, a la vez que goza usualmente de los mismos beneficios fiscales otorgados por el estado a las corporaciones, mientras retiene la facilidad de administración de una asociación simple.

Empero, no todo son ventajas. Dependiendo de la legislación de cada país, puede que la cotización de acciones en la bolsa de valores esté limitada sólo a las corporaciones o sociedades anónimas, lo que puede dificultar la obtención de capitales de riesgo y por ende limitar el crecimiento de este tipo de empresas.

Sociedades anónimas o corporaciones

Las sociedades anónimas o corporaciones, al igual que las empresas de responsabilidad limitada, son entes jurídicos independientes que requieren constituirse ante una entidad competente y deben obtener su propio identificador tributario para poder operar.

Esto implica que sus socios están protegidos contra eventuales demandas y ante deudas adquiridas por el negocio para su inicio u operación.

Las sociedades anónimas usualmente tienen mayores ventajas tributarias que sus contrapartes, pero requieren a su vez una mayor inversión inicial y contar con más formalidades que otro tipo de empresas, requiriendo entre otras cosas reuniones periódicas de directorio, la elaboración de estatutos, el cumplimiento de normas y contar con permisos de operación locales.

Otra de sus ventajas es la posibilidad de levantar capital a través del ofrecimiento público de acciones en la bolsa de valores, lo que suele hacerlas la estructura jurídica preferida por los nuevos empresarios.

La importancia del branding y el marketing

Una vez constituido el negocio y luego de efectuadas las tareas necesarias para ponerlo en marcha, será necesario invertir esfuerzos en darlo a conocer a los potenciales clientes para poder generar ventas.

Llegado este punto, el primer paso lógico será establecer los que los expertos denominan "branding".

¿En qué consiste el branding?

Según Capriotti (2009),[xxv] branding es un anglicismo utilizado por las organizaciones para referirse al "proceso de gestión (identificación, estructuración y comunicación) de los atributos propios de identidad para crear y mantener vínculos relevantes con sus públicos" (p.1); en palabras simples, es la creación de la marca o identidad corporativa como elemento diferenciador (Peters, 2002).[xxvi]

Crear una clara y distintiva imagen corporativa traerá como beneficios principales:

- Reconocimiento de la marca y lealtad
- Percepción de tamaño y calidad
- Percepción de experiencia y confiabilidad
- Ventas cruzadas de productos y servicios

Reconocimiento de la marca y lealtad

Contar con un logotipo, eslogan, y un nombre de marca, fuertes, facilitará que su público objetivo recuerde su marca y la mantenga en su mente. Esta recordación, por ejemplo, en el caso puntual de los productos de consumo masivo, puede ser decisiva a la hora de comprar un producto nuevo suyo versus uno de la competencia.

Si la experiencia de sus clientes con su marca es buena y logra mantenerla en sus mentes - lo que en inglés se denomina como "top of mind" - esto generará lealtad y posibilidad de compras recurrentes.

Percepción de tamaño y calidad

Una marca fuerte puede proyectar en sus clientes potenciales la idea de que la organización es una empresa grande que ofrece productos y servicios de calidad.

Esto beneficia a las empresas pequeñas que recién comienzan, puesto que su público objetivo a través de la fuerza de su marca puede tener la percepción de que su organización es más grande de lo que realmente es.

Con esto no quiero decir que los consumidores sólo compren a las empresas grandes, pero en ciertos casos particulares proyectar la percepción de mayor tamaño puede ser útil cuando los clientes esperan que el proveedor se mantenga en el mercado por muchos años.

Por ejemplo, si nuestra organización vende productos de larga duración que tienen asociados repuestos, servicios de soporte y mantenimiento, etc., es de esperarse que el cliente quiera asegurarse de que el proveedor no cierre sus puertas mañana.

Percepción de experiencia y confiabilidad

De igual forma proyectar una imagen corporativa fuerte, genera en los clientes potenciales la percepción de que se trata de un negocio bien establecido, con el tiempo suficiente en el mercado para ser conocido, generando a su vez confianza en la mente del público objetivo, en contraste con negocios similares que no tengan bien definida su identidad de marca.

Ventas cruzadas de productos y servicios

Si su identidad corporativa está bien establecida en la mente de sus clientes, en el momento en que agregue nuevos productos o servicios a su abanico de ofertas y los enlace a su marca, será más factible que sus clientes leales se vean motivados a comprarlos.

A pesar de que el lector pudiese pensar que los elementos arriba mencionados son meros trucos psicológicos, la habilidad de crear y mantener una fuerte imagen corporativa podría representar una nueva ventaja para enfrentar a la competencia (Rufaidah, 2017).[xxvii]

De logos, eslogans, tarjetas y folletos

Aunque sabemos que el branding es mucho más que la creación de un logotipo o un eslogan, la marca no puede expresarse si estos no existen. De hecho, varios estudios han demostrado que la recordación del logo de una compañía puede incrementar que se reconozca el nombre de esta (Silver & Roast, 2016).[xxviii]

Debido a ello, mi primer consejo es que contrate a una firma o a un profesional independiente para que elabore su logotipo y demás línea gráfica. Así que salvo que esa sea su profesión, por favor no pretenda dárselas de diseñador gráfico o de experto en branding, el público notará la diferencia entre un trabajo de aspecto profesional y uno amateur.

No pretendo con esto decirle que invierta decenas de miles de dólares en la creación de su identidad corporativa. Excepto que su emprendimiento se trate de hacerle competencia a la Coca-Cola o a Google, es posible contratar un diseño profesional con un presupuesto de no más de 2 mil dólares en sitios como Fiverr, UpWork (antes oDesk) y Freelancer, o de forma local.

Para la mayoría de los negocios de presencia online bastará arrancar con el logotipo, el eslogan y la línea gráfica para la página web. No obstante, los negocios con presencia física en los que se requiera visitar clientes y enviar propuestas impresas, requerirán además tarjetas de presentación, folletos, carpetas y papelería con la línea gráfica de la marca.

De igual forma, puede usted usar una imprenta local para el efecto o utilizar servicios de impresión bajo demanda como Moo, GotPrint, VistaPrint, JukeBox u OvernightPrints.

Presencia en Internet

La presencia en Internet es importante para cualquier empresa, pero sobre todo para una empresa nueva. Hay muchos factores importantes en los que se fijarán nuestros clientes antes de hacer negocios con nosotros, pero sin duda una página web que luzca profesional generará más confianza de parte de un cliente nuevo.

Adicionalmente, en la actualidad la mayoría de las personas hacen una búsqueda en Internet cuando necesitan un producto o servicio; lejos quedaron los días en que se hacía uso de la guía telefónica o en que se buscaba en los clasificados del periódico.

Debido a lo anterior, conviene que la página web de la empresa aparezca en los principales resultados en buscadores como Google y Bing cuando los prospectos de clientes hagan una búsqueda relacionada con términos claves relativos al giro de nuestro negocio.

A esto último se le llama optimización de búsquedas (SEO - search engine optimization), el lector que desee profundizar en el tema encontrará amplia información al respecto en Internet.

Sobre dominios, hosting y correo electrónico

Lo primero que necesitaremos para montar nuestra página web y contar con el servicio de correo electrónico, es adquirir un dominio.

Un dominio, explicado de forma simplificada, es el sufijo que tendrán nuestras páginas web y nuestras direcciones de correo electrónico. Por ejemplo: miempresa.com, miempresa.biz, ongabc.org.

Como habrá notado el lector, la última parte del sufijo puede ser algo como .com, .net, .biz, .org, .mil, etc. A estos se les denomina *dominios raíz*, e identifican la categoría de organización a la que pertenece nuestra empresa.

Los dominios raíz .com y .biz identifican a empresas privadas, el dominio raíz .org representa a ONG's (organizaciones sin fines de lucro), el dominio .mil a los militares, .gob a gobierno, .net a empresas de telecomunicaciones, proveedores de Internet y similares, etc.

Entonces, asumiendo que hemos elegido el dominio miempresa.com, nuestra página web principal se llamará www.miempresa.com y si tenemos otra página dedicada a publicar artículos informativos para nuestros clientes, es común que se la llame blog.miempresa.com, mientras que nuestra dirección de correo electrónico será algo como pepito.perez@miempresa.com.

Contar con un dominio propio para nuestra página web y direcciones de correo electrónico nos dará un aspecto más profesional ante nuestros clientes y podremos colocarlas en nuestras tarjetas de presentación, folletos y demás papelería de la empresa.

Luego de obtenido el dominio lo siguiente será montar la página web, lo que puede hacerse invirtiendo en infraestructura informática propia o usando los servicios de un proveedor de hosting.

Un proveedor de hosting se dedica a alojar páginas webs de terceros en su infraestructura y, como parte de su servicio, usualmente ofrece sin costo o por un valor mínimo el registro del nombre de domino de su empresa y el servicio de correo electrónico para usted y sus colaboradores.

Cómo registrar un nombre de dominio

Como indicábamos en la sección previa, esto se puede hacer de forma muy sencilla a través de un proveedor de hosting internacional si nuestro dominio es de tipo raíz (.com, .biz, .org, etc.).

Pero ¿qué tal que desea usted un dominio localizado? Es decir, que incluya un sufijo para su país. Ejemplo: .ec para Ecuador, .mx para México, .co para Colombia, .es para España, etc. En este caso particular, los proveedores de hosting internacionales no reservan este tipo de dominios y deberá usted adquirir el nombre de dominio con su centro de Internet local (NIC) o con un proveedor de Internet (ISP) local.

Contratar un servicio de hosting le evitará tener que invertir dinero de forma temprana en la compra de infraestructura informática para montar una red propia en la cual instalar un servidor de páginas web, para lo cual requeriría, además - salvo que sea usted experto en sistemas - contratar personal especializado. Pero claro, esto dependerá del tipo de negocio que quiera usted iniciar, si su empresa pertenece al mercado de alta tecnología (high-tech), entonces es muy probable que sí requiera infraestructura de cómputo propia.

El costo de los planes de hosting puede ir desde algo tan bajo como $2 mensuales a valores más altos como $400 mensuales, dependiendo de las prestaciones incluidas con el plan.

Usar este servicio en la actualidad es bastante sencillo, porque los proveedores incluyen paneles de control amigables que se acceden a través de Internet desde un navegador web y que permiten que los usuarios neófitos puedan montar su página web en cuestión de minutos u horas. Esto último, dado que se ha vuelto la norma que los proveedores de hosting incluyan plantillas listas para usarse que hacen que la edición web sea cosa de niños.

Con todo, como en toda profesión, el diseño web requiere de conocimientos y buen gusto, por lo que a quien no sabe nada del tema le tomará algo de tiempo y paciencia aprender a usar las herramientas provistas en el panel de control y las plantillas incluidas.

Por tanto, si la edición web no es lo suyo, le recomiendo que contrate un diseñador que haga ese trabajo por usted. Puede encontrar diseñadores web en plataformas mencionadas previamente como Fiverr, UpWork y Freelancer dispuestos a crear un website de aspecto profesional por sumas que van desde unos módicos $500 hasta sumas más altas que oscilan alrededor de los $4000-$5000, dependiendo de los requerimientos delineados por usted.

Estos son algunos de los proveedores de hosting más populares:

- Hostgator (https://www.hostgator.com)
- Arvixe (https://www.arvixe.com)
- Bluehost (https://www.bluehost.com)
- IPage (https://www.ipage.com)
- Wix (https://www.wix.com)
- GoDaddy (https://www.godaddy.com)
- Yahoo Small Business (https://smallbusiness.yahoo.com)

Métodos electrónicos de pago

Si planea vender productos y/o servicios de forma online, entonces necesitará usted que su sitio web tenga capacidades de comercio electrónico (e-commerce).

Esto implica contar con una plataforma que incluya un carrito de compras y acepte pagos de forma segura, mediante los principales medios de pago electrónicos como tarjetas de crédito, Paypal, Payoneer, Click Bank, Google Wallet, Skrill, Stripe y similares.

Siempre existe la opción de agregar usted mismo la capacidad de pagos electrónicos a su página web existente mediante software de terceros (plugins) o desarrollo propio (programando).

Sin embargo, si decide hacerlo de esta forma deberá tomar en cuenta consideraciones de seguridad informática para proteger la información de sus clientes y evitar que sus datos sean robados por delincuentes informáticos (crackers).

Imagine las posibles consecuencias legales que su empresa enfrentaría si hackearan su página web y luego, con esa información, efectuaran una suplantación de la identidad de sus clientes.

Por ello, si no es usted experto en seguridad informática, mi sano consejo es que le deje ese dolor de cabeza a un tercero tanto si decide efectuar una implementación propia, como si decide usar una plataforma de e-commerce.

De hecho, hay plataformas que implementan capacidades de e-commerce de forma nativa y que se integran de forma segura[xxix] con los principales medios de pago electrónico.

Estos son algunos de los proveedores que incluyen de forma nativa capacidades de comercio electrónico, dependiendo del plan de hosting contratado:

- Shopify (https://es.shopify.com)
- BigCommerce (https://www.bigcommerce.com)
- Volusion (https://www.volusion.com)
- BlueHost (https://www.bluehost.com/products/woocommerce)
- 3DCart (https://grow.3dcart.com)
- ShopSite (http://saas.shopsite.com/)

Sobre marketing y ventas

Mientras el marketing comprende el conjunto de estrategias encaminadas a diseñar productos y servicios que satisfagan las necesidades del mercado objetivo y la promoción de los mismos con el fin de captar clientes y fidelizarlos, las ventas abarcan los mecanismos de interacción con los clientes que se utilizan para concretar oportunidades.

Es importante entonces, conservar coherencia entre las estrategias de marketing y ventas para lograr que los esfuerzos de ambas áreas contribuyan al éxito del negocio.

Marketing tradicional vs marketing digital

El denominado "marketing tradicional" se refiere a las estrategias de marketing utilizadas por los especialistas en mercadotecnia desde sus inicios[xxx] hasta hoy inclusive, excluyendo al marketing digital.

Algunos ejemplos de marketing tradicional:

- Distribución de materiales impresos como folletos y volantes
- Uso de vallas publicitarias y letreros
- Anuncios en periódicos y revistas
- Espacios publicitarios en radio y televisión
- Organización y patrocinio de eventos
- Envío de regalos promocionales

El marketing tradicional utiliza una comunicación unidireccional con los consumidores y envía un mensaje segmentado en base a diversos criterios clásicos como la edad, género, nivel de ingresos, región, etc., con el fin de crear conciencia en la mente del consumidor sobre un negocio o producto, pero el usuario es un receptor pasivo del mensaje y no puede interactuar de vuelta con la empresa para generar una respuesta, al menos no fácilmente.

Por otro lado, el marketing digital usa distintos medios en Internet para tratar de desarrollar una comunicación directa, personal e interactiva con los potenciales clientes.

El marketing digital como lo conocemos hoy tuvo sus primeros inicios con la popularización del World Wide Web, pero no hubo un real despegue hasta la aparición de las primeras redes sociales en 1995.

Una de las ventajas del marketing digital versus el tradicional, es que todo acto u operación digital se puede medir, además el marketing en redes sociales puede segmentarse fácilmente en base a las preferencias de los usuarios y otros atributos. Esto hace posible que al finalizar una campaña de marketing digital los resultados puedan analizarse y de ese modo mejorar la estrategia para campañas futuras.

Otra ventaja del marketing digital versus el tradicional es su costo, una campaña de marketing digital efectiva puede llevarse a cabo con unos pocos cientos de dólares. Esto es realmente económico si lo comparamos con el costo de un espacio publicitario de 20 o 30 segundos en televisión, el cual puede costar varios miles de dólares dependiendo de la cadena televisiva y el horario de la programación.

"Sé innegablemente bueno. Ningún esfuerzo de marketing o palabra en redes sociales puede ser un sustituto para eso." (Anthony Volodkin).

Outbound vs inbound marketing

Cuando la comunicación es unidireccional, de la empresa al usuario, como en el marketing tradicional, se dice que se trata de "outbound marketing".

En el outbound marketing se imponen los anuncios o materiales promocionales al usuario, este método es llamado también "marketing push".

Por el contrario, el inbound marketing[xxxi] facilita que sea el cliente quien encuentre a la empresa y sus productos o servicios, atrayéndolo con información relevante en el momento en que el cliente la necesita (Hallingan, 2014). Esta estrategia se denomina "marketing pull".

El concepto de inbound marketing fue introducido por Brian Halligan, CEO y cofundador de la empresa HubSpot, en el año 2005, siendo adoptado posteriormente por muchas empresas y constituyendo el fundamento de las actuales técnicas de marketing digital que se basan en el llamando "digital marketing & sales funnel" (embudo de marketing y ventas digital).

Un embudo de marketing tradicional - marketing funnel - es el proceso que sigue el departamento de marketing desde que lanza una acción o campaña de marketing hasta que logra generar una oportunidad de negocios.

Tradicionalmente, en el momento en que se genera la oportunidad de negocios, esta deja el embudo de marketing y sirve como entrada para el embudo de ventas (sales funnel), proceso que estará a cargo del área de ventas y que terminará en el momento en que el prospecto se convierte en cliente o se pierde la venta.

Pero el concepto del inbound marketing y el uso de medios digitales ha resultado en un embudo de marketing y ventas digital (ver Ilustración 12) que no sólo facilita la comunicación bidireccional con los potenciales clientes en cada fase, sino que además permite dar fácil seguimiento posterior a quienes en algún momento interactuaron con nuestros contenidos (retargeting).

Sin lugar a duda, invertir en las estrategias adecuadas de marketing lo ayudará a propulsar las ventas de su negocio.

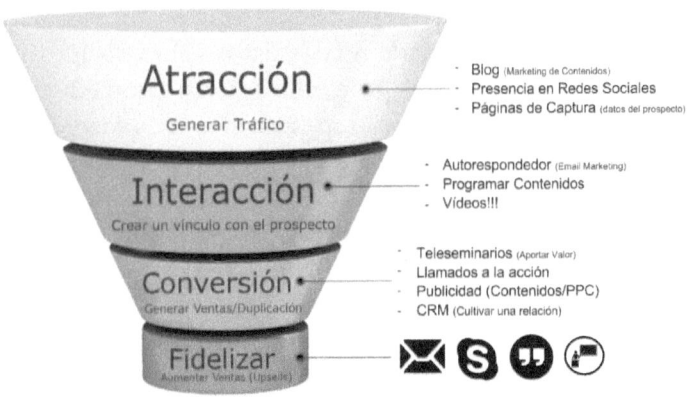

Ilustración 12 - Embudo de marketing y ventas

Fuente: Acehart. (2017, January 12). Embudo de ventas online [JPG]. Wikimedia Commons.

El plan de ventas

El plan de ventas es un documento en el que se definen las acciones concretas que se van a tomar para vender los productos y servicios de la empresa.

Un plan de ventas incluye como mínimo las siguientes secciones:

- **Objetivos de ventas:** deben ser realistas, estar claramente definidos, ser medibles y tener un plazo de cumplimiento.
- **Estrategia de ventas:** cómo se pretende alcanzar los objetivos.
- **Acciones de ventas:** qué acciones concretas se realizarán para alcanzar los objetivos.

Objetivos de ventas

Cuando se trata de una empresa en operación, definir los objetivos de ventas puede resultar más sencillo puesto que se cuenta con datos de ventas históricos de los años previos. Empero, en un nuevo emprendimiento es posible esbozar los objetivos de ventas a partir de un análisis de la industria y de la competencia.

Dependiendo del país, existen entidades que conducen estudios estadísticos y que registran información sobre análisis sectoriales económicos, en los que se puede revisar datos sobre distintos tipos de negocios que incluyen: ventas promedio, gastos promedio, valor de inversión, etc. A manera de ejemplo, en Ecuador la entidad de gobierno que maneja información estadística es el Instituto Nacional de Estadísticas y Censos (INEC).

El lector recordará que en el capítulo 2 mencionamos que el INEC tiene una herramienta online gratuita llamada "Sí Emprende" que los emprendedores que quieran montar empresas en Ecuador pueden consultar para obtener información sobre su sector.

El gráfico siguiente muestra una consulta sobre el sector de negocios de comida (restaurantes, kioskos, carretas, etc.) en la ciudad de Quito usando esta herramienta.

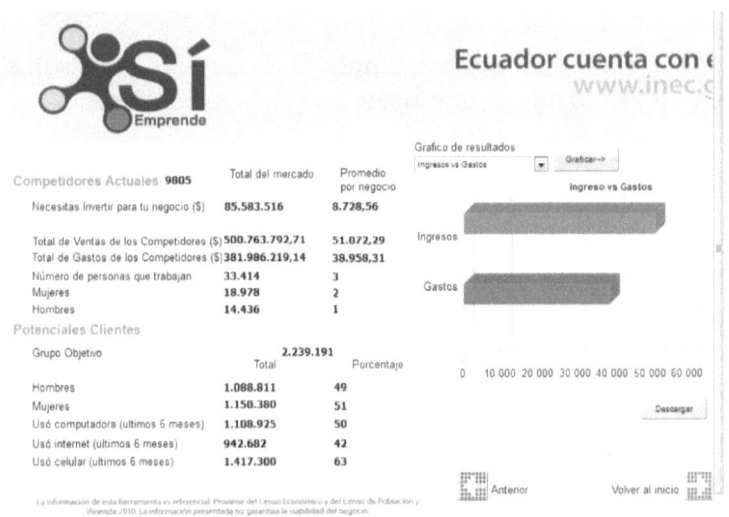

Ilustración 13 - Sector comidas, herramienta Sí Emprende

En la Ilustración 13 se puede ver que el valor de inversión promedio para un negocio de comida (restaurantes y comida móvil) en la ciudad de Quito es de $8,728.56, las ventas promedio de uno de estos negocios es de $51,072.29 y los gastos promedio ascienden a $38,958.31. Esto nos deja una utilidad bruta (ingresos - gastos) de $12,113.98. Hay que observar que son valores promedio entre 9805 negocios de este tipo en la ciudad de Quito.

Suponiendo que nuestro negocio fuese una cadena de carretas de comida rápida en la ciudad de Quito, este podría ser un objetivo de ventas:

• Vender $50,000 por carreta en el primer año de operaciones.

Es concreto ($50,000 en ventas por carreta), es alcanzable (la competencia vende en promedio $51,000) y es medible (en el primer año).

Estrategia de ventas

Recordemos que la estrategia de ventas se enfoca en explicar "el cómo" se alcanzarán los objetivos de ventas.

Siguiendo con nuestro ejemplo de las carretas, estos son algunos ejemplos de cómo podríamos lograr las ventas esperadas:

- Determinar cuáles son los combos más rentables del menú para promocionarlos en primer lugar.
- Usar estrategias de venta cruzada (cross-selling, venderle algo complementario al cliente).

Acciones de ventas

Las acciones de ventas explican el "qué hacer" para alcanzar los objetivos de ventas, es decir acciones concretas.

Continuando con el ejemplo de las carretas, estos son algunas posibles acciones de ventas:

- Capacitar a los despachadores para que brinden un buen servicio al cliente y sepan qué combos ofrecer a los compradores en primer lugar.
- Capacitar a los despachadores para que ofrezcan bebidas y guarniciones extras a los clientes (cross-selling).
- Agregar el servicio de comida para llevar.

Muy bien, hay mucho más sobre marketing y ventas, pero hemos cubierto los conceptos básicos requeridos.

Capítulo 6: Los primeros días como empresario

Metidas de pata y sentimientos del nuevo entrepreneur

Aún recuerdo con nostalgia cuando inicié mi primer emprendimiento, Consulting Systems[xxxii], allá por el año 2002. Tenía menos de un mes de haber renunciado a mi cargo de Directora de Proyectos en Comware[xxxiii], cuando concreté el que sería mi primer negocio de consultoría independiente; un interesante proyecto de redes que involucraba los sistemas SCADA[xxxiv] de la planta de agua potable Merrith Smith[xxxv], en Boulder City, Nevada.

Como se imaginará estaba muy emocionada, la consultoría requería que tome un entrenamiento especializado e intensivo en Canadá, antes de pasar a la fase de ejecución. Un lunes estaba tranquila en Guayaquil, apenas enterándome de la existencia del proyecto y ya el sábado me encontraba volando a Estados Unidos. Tuve que mover cielo y tierra y rezar mucho para lograr obtener las visas americana y canadiense en tan sólo 4 días, pero un contrato tan bueno económicamente lo ameritaba.

Intentaré hacerle el cuento corto. Llegué un domingo a Calgary con apenas tiempo de dormir unas horas, porque el lunes temprano iniciaba el entrenamiento en un aplicativo que me habían indicado que se necesitaba conocer para el proyecto. Y ya el lunes en mi clase me enteré de que "el aplicativo" eran en realidad el protocolo DNP3 y el software Substation 2000... el pánico se apoderó de mí en ese instante y paso a explicarle el por qué.

En las conversaciones telefónicas que tuve con el CEO de la empresa que me subcontrató y en los intercambios posteriores de correos electrónicos y el documento del contrato, siempre se habló sobre servicios de configuración de dispositivos de red, pero no se especificó nunca el tipo de estos equipos. ***Error #1 de novata: no definir en detalle el alcance del proyecto.***

Todo ese tiempo cuando me hablaban de dispositivos de red, yo "asumí" (terrible error, pero de los errores se aprende) que se trataba de computadoras, servidores, switches, ruteadores, firewalls, etc.; pero jamás se me cruzó por la mente que se tratara de dispositivos electrónicos inteligentes (IED's), controladores lógicos programables (PLCs) y paneles HMI (human-machine interface). ***Error #2 de novata: mal manejo de la comunicación con el cliente.***

Si el área de experiencia del lector no son los sistemas informáticos, de seguro en este momento debe estarse preguntando el porqué de mi estrés y pánico. ¿Al fin y al cabo no son todos dispositivos electrónicos? Y sí, tiene usted toda la razón, esa fue la conclusión a la que yo misma llegué luego de 2 semanas de casi no dormir, atormentándome, pensando que no iba a poder hacerlo y que todo iba a salir mal. Y la razón de mi estrés era que yo tenía mucha experiencia en equipos convencionales de red, pero CERO experiencias en dispositivos parte de un sistema SCADA.

Sólo de recordarlo me emocioné, me estresé, y me volví a asustar.

Finalmente, logré salir avante y completé la implementación del programa piloto para el que me habían contratado y el CEO de la empresa contratista quedó tan complacido que me ofreció una visa de trabajo americana si aceptaba quedarme de planta en el proyecto. Y aunque admito que me tentó la oferta, finalmente me excusé y retorné a mi patria.

Pero no le conté los detalles de esta historia para entretenerlo, vanagloriarme o para aumentar el número de palabras del libro, sino con el fin de compartirle mis errores y mis miedos. Miedos que por cierto no le había contado ni a mis mejores amigos, ni siquiera a mi familia.

Quiero que tenga la certeza de que no está solo, ni tampoco loco, si un día se siente eufórico por haber cerrado un nuevo contrato y al día siguiente se come las uñas porque teme que todo saldrá mal y le place salir corriendo a comprar el primer boleto de avión a Las Bahamas.

Es más común de lo que cree que un nuevo entrepreneur tenga sentimientos encontrados. Y es natural que cometa muchos errores al principio. No espere ser perfecto, nadie puede ser experto en todo. Aquel que no comete errores es porque jamás intenta nada. Arriésguese a equivocarse, pero tome acción.

De modo que no se sienta cobarde si en algún momento se estresa, se pone negativo o teme fallar. No hay nada de malo en sentir miedo de vez en cuando, el miedo nos mantiene vivos, lo importante es no dejar que el miedo nos paralice y enfrentarlo.

Si en algún momento se siente abrumado por algún problema y cree que no da la talla, tómese un momento para usted, salga de la oficina o de su casa si está haciendo home-office, dé un paseo, tómese un café o su bebida favorita, salga con su pareja o con amigos, abrace a sus hijos, visite a sus padres si tiene la bendición de tenerlos vivos, pasee a su perro... creo que ya captó la idea: ¡distráigase! El problema estará esperándolo a su retorno y para entonces estará más relajado y seguro podrá verlo desde otro punto de vista.

Si aún luego de analizar su problema con cabeza fría no parece encontrarle solución, busque apoyo en un tercero. En ocasiones cuando lleva uno dándole vueltas a lo mismo una y otra vez, se pierde perspectiva. En esos casos la visión fresca de un colega, o inclusive las preguntas de alguien que desconoce sobre el tema, lo obligarán a reflexionar sobre aspectos inexplorados que podrían llevarlo a la solución.

Le sugiero además vincularse con otros emprendedores y crear redes de contactos. La red social Linkedin puede ayudarlo a contactar con otros empresarios y profesionales de su rama. Trate de establecer relaciones personales con sus contactos, sea útil primero, brinde su ayuda desinteresada a los colegas que la necesiten, comparta información de forma gratuita, jamás les envíe SPAM, conviértase en su amigo. De ese modo, cuando realmente necesite ayuda, podrá pedirla sin sentir vergüenza y seguro habrá más de una persona dispuesta a guiarlo.

Recuerde también averiguar sobre las entidades de su país relacionadas con emprendimiento y su área de expertise. Hágase socio de la Cámara de Comercio o de la Cámara de Industrias, la Cámara del Libro o cualquiera que pueda servirle de apoyo a su nuevo rol como empresario.

Suscríbase a foros, revistas y listas de correo sobre emprendimiento, a grupos relacionados, siga a expertos en su área en las redes sociales, en resumen: relaciónese y aprenda de quienes han pasado ya por lo que usted recién está pasando.

Estrategias para mantenerse en curso

No podría enfatizarle más la importancia de mantenerse enfocado en su nuevo negocio, sobre todo durante el primer año de operaciones.

¿Recuerda ese documento llamado plan de negocios? Pues bien, ha llegado la hora de comparar las proyecciones de ventas que hizo en su plan con la realidad. ¿Se están cumpliendo sus metas? Si las ha cumplido o sobrepasado ¡enhorabuena! Pero si no, entonces deberá tomar correctivos para volver al curso correcto.

Recuerde mirar de cerca el flujo de caja, si no es usted experto en finanzas contrate a alguien que lo sea o capacítese en el tema. Tal vez su socio sea el indicado para administrar la parte financiera, si es así cédale el cargo, pero no deje de involucrarse en las decisiones más relevantes y esté al tanto de las finanzas de su empresa.

Es importante que acepte que - inclusive elaborando un plan de negocios - hay ciertas variables que no son totalmente conocidas y se basan en presunciones y, por tanto, sólo las podrá conocer con certeza cuando opere el negocio.

Trabaje en su plan de marketing y ventas, pero manténgase alerta del entorno, de su competencia y del mercado de forma proactiva, así será difícil que lo sorprendan.

Sin importar lo que haga el resto de la industria, es vital que se esfuerce en brindar productos y servicios de buena calidad, retroaliméntese de sus clientes y no tema cambiar supuestos iniciales por otros más acordes a la realidad. Recuerde: **el plan de negocios no está escrito en piedra.**

Sugerencias para quienes emprenden solos

Si es usted un solopreneur y trabaja desde casa, es imprescindible que separe un área de su hogar para su negocio y que defina un "horario de oficina". No importa si vive en un departamento pequeño - tener un despacho es ideal, pero no imprescindible - basta con un escritorio o una mesa en donde pueda poner su computador y demás implementos de oficina.

Trate de que su área de trabajo no esté en su habitación en lo posible. Si vive con un roommate o con familiares, hable con ellos acerca de sus horarios de oficina y pídales que los respeten. Si tiene niños pequeños llegue a un acuerdo con su pareja para que durante su "horario de oficina" sus hijos no lo distraigan.

Vístase para trabajar, aunque su camino a la oficina sea de apenas unos metros. No pretendo que use traje ejecutivo en casa, pero nuestro cerebro funcionará mejor si lo preparamos para ponerse en "modo trabajo", esto implica al menos darse un baño y deshacerse del pijama. Habrá colegas que no estén de acuerdo conmigo, pero he trabajado desde casa en muchas ocasiones y créame, este pequeño truco ¡sí funciona!

Si a pesar de haber hecho todo lo anterior, le resulta difícil concentrarse en casa o se deprime entre cuatro paredes, le sugiero acudir al cibercafé más cercano a trabajar, o a algún otro establecimiento que ofrezca WiFi a sus clientes.

Otra opción es suscribirse a un servicio de oficina compartida como Regus, WeWork, LiquidSpace, ShareDesk o similares. Estos sitios ofrecen áreas comunes de trabajo con acceso a Internet, telefonía, servicio de cafetería, impresión, etc., a costos asequibles.

Pero lo más importante de estos servicios de "coworking", es que ayudan al emprendedor a no sentirse solo, al estar rodeado de otras personas en un ambiente de oficina. Estos espacios son además propicios para conocer a otros emprendedores, intercambiar experiencias y forjar nuevas relaciones.

Busque grupos de apoyo

Siempre en toda relación lo más importante es la comunicación (soné a la Dra. Corazón), por ello si tiene pareja es sumamente importante que la involucre desde el inicio en su nuevo proyecto... bueno, al menos si quiere evitarse problemas luego. Y cuando digo *inicio* me refiero a desde que empezó a tomarse en serio sus ideas de negocio y decidió trabajar para hacer su sueño realidad, no al primer día de operaciones de su empresa en que recordó decirle "por cierto amor, renuncié a mi trabajo y acabo de invertir todos nuestros ahorros en una nueva empresa que vende macatetas y arranca operaciones hoy"... si es así, que la fuerza lo acompañe.

Su familia y sus mejores amigos deben ser su red de apoyo más cercana, quienes le den calma en momentos de tribulación y celebren con usted sus éxitos como si fuesen suyos. Una pareja, hijos, o padres enojados no son una buena red de apoyo. Ha sido advertido.

Ya en secciones previas hemos hablado acerca de la importancia del networking, pero no me cansaré de repetirlo. Todo emprendedor necesita formar redes de contactos a quienes acudir en busca de consejos o para llegar a clientes potenciales. Así que no descuide esta parte.

En lo posible busque un mentor entre sus contactos, es decir, un emprendedor con experiencia que esté dispuesto a brindarle consejos. Lo invito a unirse a la red MicroMentor, de la cual formo parte como mentora, y que se dedica a facilitar el contacto entre emprendedores y mentores.

Una última recomendación sobre mantenerse en curso: **administre su tiempo eficientemente.** El tiempo es nuestro recurso más preciado, el tiempo mal invertido es tiempo perdido, así que dele prioridad a lo que realmente importa.

Sobre administración del tiempo se han escrito miles de libros y he tenido la oportunidad de leer varios de ellos, pero mi voto va para Stephen Covey y su obra "Los 7 hábitos de la gente altamente efectiva". Absolutamente recomendada su lectura.

Consejos finales

Lo felicito por llegar hasta esta sección, ha sido un largo recorrido juntos evaluando las razones para emprender, descubriendo nuestro potencial emprendedor, comprendiendo qué hace que una idea de negocio tenga el potencial para ser exitosa y aprendiendo cómo llevarla a la práctica.

Pero una vez en marcha, es importante que no se deje consumir por el trabajo y que no pierda de vista el horizonte. Repita mentalmente todos los días como un mantra la finalidad por la cual creó su empresa.

Obtener ganancias como accionista o propietario de una empresa no es el fin, es sólo un medio para alcanzar su verdadero propósito. Si no ha meditado al respecto, le sugiero que lo haga ahora y que no descuide su familia, su salud, ni su vida social.

Los entrepreneurs - sobre todo en la fase de arranque de un nuevo proyecto - pecamos de creernos superhumanos y pensar que podemos vivir de comer pizza a diario y dormir 4 horas a lo mucho. Por favor no se autoengañe, ni usted ni yo somos héroes de Marvel o DC Comics.

Duerma bien, coma sano, ejercítese, practique un hobbie. Piense que, si usted se enferma gravemente, de nada le servirá haber ganado mucho dinero. La salud no tiene precio, no trate de ponerle uno.

Bien, basta de sonar a escritora de libros de autoayuda. Espero que haya disfrutado la lectura de este libro tanto como yo disfruté escribirlo.

Pero por favor no se vaya aún, le pido encarecidamente que se tome tan solo 1 minuto para leer la siguiente sección. Gracias de antemano.

¡Sus comentarios son apreciados!

De corazón espero haberle transmitido mis conocimientos y experiencia de la mejor manera, que los tópicos cubiertos en el libro le sean de utilidad y que los ponga en práctica muy pronto en su primer emprendimiento.

Si le gustó el contenido, por favor tómese tan sólo unos minutos para realizar un comentario en la tienda electrónica de libros, su retroalimentación servirá a otros lectores y me ayudará a mejorar las futuras ediciones y considerar cuáles son los tópicos que el público cree que deberían agregarse al contenido.

Desde ya, ¡muchas gracias por su apoyo!

Acerca de la autora

Jéssica Karina Astudillo B. se desenvuelve en la actualidad como CEO de Consulting Systems, empresa especializada en Seguridad Informática.

Aunque Karina es más conocida por su faceta como Hacker Ético, su incursión en el mundo de los negocios se remonta al año 2002 en que renunció al cargo de Directora de Proyectos en la empresa transnacional ComWare, para dedicarse a la Consultoría de Sistemas a través de su primer emprendimiento.

Un año después, en el 2003, se convertiría en accionista, Gerente de Sistemas y CEO de la Inmobiliaria Nelros S.A. y luego actuaría paralelamente como Asesora de E-Marketing de Construpower S.A. en el año 2004.

Su gestión en ambas empresas, Nelros y Construpower, le valió el reconocimiento de la WORLDCOB (World Confederation of Business) en las categorías de "Excellence in Business Leadership" y "Excellence in Marketing Management" en el certamen mundial "The Bizz Awards" en 2009.

Karina formó además parte del "Programa de Desarrollo de Emprendedores" del proyecto VLIR (Vlaamse Interuniversitaire Raad), aprobando con éxito en 2004 el programa "Training the Trainers in Entrepreneurship", organizado de forma conjunta entre ESPOL y la Universidad de Ghent y obteniendo su MBA en el ESPAE Graduate School of Management en el año 2005.

A la par, Karina ha sido docente universitaria desde 1996 y conferencista invitada de decenas de eventos nacionales e internacionales como TEDxTalks, OWASP Latam Tour, AsoBancaria E-Security Conferences, Cisco Security Day, entre otros.

Karina es además la autora de los Bestsellers de Amazon Books, "Hacking Ético 101 - Cómo hackear profesionalmente en 21 días o menos!" y "Hacking Wireless 101 - Cómo hackear redes inalámbricas fácilmente!

Finalmente, Karina contribuye parte de su tiempo como Mentora a la red social sin fines de lucro para emprendedores, MicroMentor.

Comuníquese con la autora

Siéntase libre de consultar a la autora o realizar comentarios sobre el libro en:

Website: https://www.KarinaAstudillo.com
Email: karina@karinaastudillo.com
Facebook: https://www.facebook.com/jkastudillobooks
Twitter: https://www.twitter.com/KAstudilloB
Instagram: https://www.instagram.com/noski73/

Referencias y bibliografía

[i] Amit, R., & Muller, E. (1995). "Push" And "Pull" Entrepreneurship. Journal of Small Business & Entrepreneurship, 12(4), 64-80. doi:10.1080/08276331.1995.10600505

[ii] Thompson, J. L. (2004). The facets of the entrepreneur: Identifying entrepreneurial potential. Management Decision, 42(1), 243-258.

[iii] Luis, P. D., & Sánchez, M. (2010). CEP Cuestionario de personalidad. Madrid, España: TEA Ediciones.

[iv] Zhao, H., & Seibert, S. E. (2006). The Big Five personality dimensions and entrepreneurial status: A meta-analytical review. Journal of Applied Psychology, 91(2), 259-271. doi:10.1037/0021-9010.91.2.259

[v] Rauch, A., & Frese, M. (2007). Lets put the person back into entrepreneurship research: A meta-analysis on the relationship between business owners personality traits, business creation, and success. European Journal of Work and Organizational Psychology, 16(4), 353-385. doi:10.1080/13594320701595438

[vi] En psicología se les denomina "los 5 grandes" (big five) a estos factores de personalidad: responsabilidad, apertura a la experiencia, extraversión, neuroticismo y amabilidad.

[vii] Un plan de negocios es un documento que permite clarificar aspectos relacionados con el mercado, la competencia, el modelo de negocios y la parte financiera. Fuente: Barrow, C. (2008). Part 3. figuring out the future - chapter 11. preparing a business plan (7th ed. ed.). London: Kogan Page Ltd.

[viii] En español: "BIC para Ella".

[ix] Museum of Failure Innovation, Sweden. http://museumoffailure.se.

[x] Stanton, W. J., Etzel, M. J., & Walker, B. J. (2007). Fundamentos de marketing. Madrid: McGraw-Hill.

[xi] Griffith, E. (2015, March 02). Startups are failing because they make products no one wants. Recuperado en 2017, de http://fortune.com/2014/09/25/why-startups-fail-according-to-their-founders/

[xii] SixDegrees - Social Networking In Its Infancy. (2010). EZine Articles. Recuperado en 2017, de http://ezinearticles.com/?SixDegrees---Social-Networking-In-Its-Infancy&id=5064109

[xiii] Semrush permite realizar hasta 10 consultas sin costo.

[xiv] Las macatetas, o macatenas, solía ser un juego popular entre los niños durante mi infancia. Hoy no me imagino a los niños jugando macatetas, salvo que sea en videojuego. En fin, para los curiosos aquí hay un link sobre el juego: https://es.wikipedia.org/wiki/Matatenas.

[xv] Kim, W. C., & Mauborgne, R. (2015). Blue ocean strategy how to create uncontested market space and make the competition irrelevant. Boston, MA: Harvard Business Review Press.

[xvi] Hayzlett, J. (2017, February 27). Is It a Hobby or a Business? 5 Things You Need to Know to Monetize Your Hobby. Retrieved November 20, 2017, from https://www.entrepreneur.com/article/289750

[xvii] Avocations become vocations hobbyists' passions are transformed into careers. (1999, Jul 11). Times Union Retrieved from https://search.proquest.com/docview/265643981?accountid=17140 2

[xviii] Shepherd, D.A. & DeTienne, D.R. (2005), "Prior knowledge, potential financial reward, and opportunity identification", Entrepreneurship Theory and Practice, Vol. 29 No. 1, pp. 91-112.

[xix] Del inglés "brainstorming", es una técnica utilizada para generar ideas. Fuente: Lluvia de ideas. (2017, November 26). Retrieved November, 2017, from https://es.wikipedia.org/wiki/Lluvia_de_ideas

[xx] Fielt, E. (2013). Conceptualising business models: Definitions, frameworks and classifications. Journal of Business Models, 1(1), 85-105.

[xxi] Osterwalder, A., Pigneur, Y., & Clark, T. (2010). Business model generation: a handbook for visionaries, game changers, and challengers. Hoboken, NJ: John Wiley & Sons.

[xxii] La cadena de valor (Porter, 1985) es un modelo teórico que permite graficar y describir los diferentes procesos o actividades de una organización.

[xxiii] Hackear es un término utilizado en informática para referirse a una intrusión en la infraestructura computacional de una organización como, por ejemplo, una página web. Los delincuentes informáticos que realizan hacking para su propio provecho o efectúan fraudes electrónicos se denominan "crackers" o "black-hat hackers" (hackers de sombrero negro). También existimos los hackers éticos o "white-hat hackers" (hackers de sombrero blanco), que nos dedicamos a asesorar a las empresas e individuos sobre mecanismos defensivos para proteger su información y sus activos informáticos. Para mayor información sobre seguridad informática visite http://www.elixircorp.com y http://www.karinaastudillo.com.

[xxiv] Lasio, V., & Zambrano, J. (2016). Financiamiento para Emprendedores, Reporte Especial GEM Ecuador 2015 (Rep.). Guayaquil: ESPAE School of Business. doi:http://espae.espol.edu.ec/wp-content/uploads/2017/11/financiamientopara_emprendedor.pdf

xxv Capriotti, P. (2009). Branding Corporativo. Santiago de Chile: Colección Libros de la Empresa.

xxvi Peters, T. (2002). El meollo del branding. Madrid: Nowtilus.

xxvii Rufaidah, P. (2017). Branding Strategy Development Through Knowledge Creation: A Structured Abstract. In Marketing at the Confluence between Entertainment and Analytics (pp. 7-12). Springer, Cham.

xxviii Silver AC, Roast JP (2016). Branding in organizations: Its nature and antecedents. J. Appl. Psychol. 68:653-663.

xxix Al menos eso es lo que prometen. Pero, dado que además de entrepreneur soy experta en seguridad informática, es mi deber advertirle que no existe un sitio web 100% seguro, porque todos los días se descubren vulnerabilidades informáticas nuevas. Por esto, con mayor razón hay que hacer una buena elección de la plataforma de e-commerce y escoger una que invierta en mecanismos de protección anti-fraude y que efectúe actualizaciones de forma constante. Adicionalmente, es conveniente contratar consultores expertos en hacking ético para efectuar pruebas de intrusión de forma periódica en su sitio web y determinar si existen huecos de seguridad que puedan poner en riesgo su negocio. Para más información visite http://www.elixircorp.com.

xxx Existe una discusión acerca de cuándo se empleó por primera vez la palabra marketing. Algunos autores señalan al profesor E.D. Jones de la Universidad de Michigan en 1902 como el primero en usar el término "marketing", mientras otros lo atribuyen a Fred E. Clarck en 1922. Independientemente del término, es seguro que los comerciantes antiguos debieron usar algún tipo de marketing para promocionar sus productos.

xxxi Halligan, B., & Shah, D. (2014). Inbound marketing: get found using Google, social media, and blogs. Hoboken: John Wiley & Sons.

xxxii Consulting Systems fue una empresa que fundé en Ecuador como solopreneur y que brindó servicios de consultoría de sistemas entre 2002 y 2007.

xxxiii Comware es una transnacional norteamericana, dedicada a la integración de sistemas, que en el año 2002 tenía oficinas en Estados Unidos, Venezuela, Colombia y Ecuador.

xxxiv SCADA: Sistema de Supervisión, Control y Adquisión de Datos. Su uso mayoritario es en telemetría para la automatización de facilidades industriales.

xxxv La planta Merrith Smith abastece de agua potable a los estados de California, Nevada y Utah.

www.ingramcontent.com/pod-product-compliance
Lightning Source LLC
Chambersburg PA
CBHW021439210526
45463CB00002B/580